essentials

essentials liefern aktuelles Wissen in konzentrierter Form. Die Essenz dessen, worauf es als „State-of-the-Art" in der gegenwärtigen Fachdiskussion oder in der Praxis ankommt. *essentials* informieren schnell, unkompliziert und verständlich

- als Einführung in ein aktuelles Thema aus Ihrem Fachgebiet
- als Einstieg in ein für Sie noch unbekanntes Themenfeld
- als Einblick, um zum Thema mitreden zu können

Die Bücher in elektronischer und gedruckter Form bringen das Expertenwissen von Springer-Fachautoren kompakt zur Darstellung. Sie sind besonders für die Nutzung als eBook auf Tablet-PCs, eBook-Readern und Smartphones geeignet. *essentials:* Wissensbausteine aus den Wirtschafts-, Sozial- und Geisteswissenschaften, aus Technik und Naturwissenschaften sowie aus Medizin, Psychologie und Gesundheitsberufen. Von renommierten Autoren aller Springer-Verlagsmarken.

Weitere Bände in dieser Reihe http://www.springer.com/series/13088

Peter Kinne

Blockadefreie Unternehmen

Die Mikroebene von Gewinnern in der Vierten Industriellen Revolution

Peter Kinne
Balancefirst Institut für Integratives Management
Meerbusch, Deutschland

ISSN 2197-6708 ISSN 2197-6716 (electronic)
essentials
ISBN 978-3-658-18535-0 ISBN 978-3-658-18536-7 (eBook)
DOI 10.1007/978-3-658-18536-7

Die Deutsche Nationalbibliothek verzeichnet diese Publikation in der Deutschen Nationalbibliografie; detaillierte bibliografische Daten sind im Internet über http://dnb.d-nb.de abrufbar.

Springer Gabler

Gedruckt auf säurefreiem und chlorfrei gebleichtem Papier

Springer Gabler ist Teil von Springer Nature
Die eingetragene Gesellschaft ist Springer Fachmedien Wiesbaden GmbH
Die Anschrift der Gesellschaft ist: Abraham-Lincoln-Str. 46, 65189 Wiesbaden, Germany

Vorwort

In turbulenten Zeiten wächst der Orientierungsbedarf von Entscheiderinnen und Entscheidern. Gleichzeitig schrumpfen die Zeitbudgets zur Aufnahme von Informationen. Beiträge wie diese bewegen sich somit im Spannungsfeld zwischen komfortabler Länge und Relevanz.

Das vorliegende *essential* ist eine Art Management-Skizze, die von Organisationen und ihren Menschen im Wettbewerb der Zukunft handelt. Dieser wird auf dem Spielfeld der Komplexität ausgetragen, einem mächtigen Auslöser betrieblicher Erfolgsblockaden. Die Tatsache, dass der Schlüssel zur Vermeidung bzw. Auflösung solcher Blockaden im kognitiven System der Menschen liegt, rechtfertigt eine Betrachtung aus Sicht des strategischen Managements.

Basierend auf Überlegungen zum Umgang mit Komplexität setze ich die Zukunftsfähigkeit ganz unterschiedlicher Organisationen in Beziehung zu Merkmalen ihrer Akteure. Hier gibt es interessante Parallelen: im Erleben produktiver Abläufe, bei Orientierungsgrößen, in der Dialogkultur, der Haltung zu soziokultureller Vielfalt, in Führungspraktiken, bei intrinsischen Innovationstreibern. Betriebliche Blockaden können offenbar durch bestimmte Merkmale verhindert werden. Damit ergeben sich neue Impulse für die Auswahl und Entwicklung von Fach- und Führungskräften sowie die Entwicklung sinnvoller Standards.

Am Entstehen dieses *essentials* sind interessante und kompetente Menschen beteiligt, als Gesprächspartner, Ratgeber, Fachinformanten oder Leser des Manuskriptes, männlich wie weiblich. Ich danke Joachim Basler, Jan Bitter, Karin Bräckle, Angelika Geiselbrechtinger, Gert Gigerenzer, Katharina Harsdorf, Rahel Kinne, Heike König, Sebastian Lindemann, Katrin Najorka, Lambert Pechan, Carsten Schlaewe, Wilfried Schulz, Hans Strikwerda, Peter Vullinghs und Stefan Zimmermann.

Meerbusch
im Mai 2017

Peter Kinne

Inhaltsverzeichnis

1 Hey, it's crazy out there! 1
1.1 Zukunftsfragen 1
1.2 These, Hintergründe und Funktionsprinzipien 2
1.3 Das Geheimnis der Agilität 5

2 Politischer Erdrutsch und revolutionäre Vorboten 7

3 Komplexität und ihre Treiber 11
3.1 Komplexität – was genau ist das? 11
3.2 Eigenkomplexität, die Schaden anrichtet 12
3.3 Komplexität im Außenraum 14

4 Weitere Blockadeverursacher 17
4.1 Zweifelhafte Ratgeber 17
4.2 Leadership in der Krise 18
4.3 Grenzen des Denkens, und wie wir damit umgehen 19

5 Gedankensprünge und andere Blockadelöser 23
5.1 Logik des Möglichen 23
5.2 Aufgelöste Widersprüche 24
5.3 Einfach Substanz erhalten 25
5.4 Intelligenz des Unbewussten 25

6 Blick auf die Mikroebene 29
6.1 Keiner leidet Not 29
6.2 Diskurs statt Law and Order 31
6.3 Kybernetik im Forschungs-Verbund 33
6.4 Balance als Stabilisator 35
6.5 Männerwelt war gestern 37

6.6 Leitfaden im Pocketformat 39
6.7 Gewinner in der Nachbarschaft 41

7 Impulse für Talente 45

Literatur 49

1 Hey, it's crazy out there!

1.1 Zukunftsfragen

Deutschen Unternehmen geht es derzeit gut. Die Auftragsbücher sind gefüllt, wir sind immer noch Exportweltmeister, die Binnennachfrage läuft, die Arbeitslosenquote ist niedrig wie lange nicht. Wenig Anlass zur Sorge also. Gilt das auch für die Zukunft? Wer heute das Schicksal von Unternehmen verantwortet, könnte trotz der erfreulichen Situation mit gemischten Gefühlen in die Zukunft blicken. Grund dafür könnte eine bislang nicht gekannte Ungewissheit sein bezüglich dessen, was demnächst auf Unternehmen zukommt, und was das für sie und ihre Menschen bedeutet.

Für Szenarien wie dieses hat das amerikanische Army War College nach Beendigung des kalten Krieges das Wort VUCA erfunden (Stiehm und Townsend 2002). Es steht für eine Welt, die **v**olatil, **u**ncertain, **c**omplex und **a**mbiguous ist, veränderlich, unsicher, komplex und mehrdeutig. Das hat Bennet & Lemoine zur Feststellung in der Überschrift dieses Kapitels veranlasst (Bennet und Lemoine 2014). Wie resilient Entscheiderinnen und Entscheider auch immer sein mögen – wachsende Ungewissheit macht niemanden entscheidungsfreudiger. Sie macht eher vorsichtiger, was ja prinzipiell kein Nachteil ist. Übervorsichtiges Handeln kann jedoch, neben anderen Faktoren, zur Selbstblockade führen, die Innovationskraft schwächen und die Existenz von Firmen gefährden. Diese werden nicht dadurch innovativer, dass die Krawatten abgelegt werden, der Chef Turnschuhe trägt und sich von jedermann duzen lässt.

Was zeichnet Unternehmen aus, die gute Chancen haben, zukünftig zu den Gewinnern zu gehören? Was bedeutet *Agilität?* Ist Aktionismus ein Zeichen davon? Und Stabilität? Kann und sollte es die im heutigen Umfeld überhaupt geben? Wie kann demnächst das menschliche Bedürfnis nach tragfähigen

P. Kinne, *Blockadefreie Unternehmen*, essentials,
DOI 10.1007/978-3-658-18536-7_1

Sicherheiten, das sich ja nicht einfach wegdigitalisieren lässt, befriedigt werden? Solche Fragen bedürfen dringend einer Antwort. Unternehmen nennt man auch *Firmen.* In jedem Fall sind es *Organisationen* – sozio-technische Systeme, die einen bestimmten Zweck verfolgen, sonst bräuchte man sie nicht. Ich werde diese Begriffe im Wechsel benutzen.

1.2 These, Hintergründe und Funktionsprinzipien

Man benötigt nicht sehr viel Fantasie, um vom gegenwärtigen Szenario Überlebensstrategien abzuleiten: Schneller und umfassender lernen, auf neue Erkenntnisse schneller reagieren, Dinge ausprobieren, auf Unvorhersehbares vorbereitet sein. So lauten auch die Empfehlungen von Bennet & Lemoine zum Überleben in der VUCA-Welt. Sie geben Antworten auf das *was.* Der Teufel steckt jedoch, wie so oft, im Detail, in der Frage nach dem *wie.* Das Patentrezept für schnelles und gleichzeitig umfassendes Lernen ist noch nicht geschrieben. Und wie kann ich mich auf etwas vorbereiten, das ich nicht kenne? Wie lange kann ich etwas ausprobieren, bevor mein Konkurrent an mir vorbeizieht? Solchen komplizierten Fragen stelle ich eine einfache These entgegen:

▶ Die Zukunftsfähigkeit von Unternehmen basiert auf Grundüberzeugungen, Denk- und Interaktionsmustern.

Das betrifft handlungsleitende Motive und Verhaltensweisen der Menschen im Unternehmen, und damit, nach einer Gliederung der Sozialwissenschaft, die Mikroebene. Sie ist nicht allein ausschlaggebend für das Schicksal einer Firma, denn ohne einen strategischen Kompass, ein gemeinsames Verständnis vom Zweck, von der Absicht und dem Anspruch der Firma, dazu passende Kompetenzen und gezielte Lenkung der Ressourcen sind Erfolge nur selten von Dauer. Berater leben davon, zu diesen Dingen Vorschläge zu machen. Ihre Wirkung hängt jedoch in hohem Maße von den Menschen ab, die Entscheidungen treffen und das Miteinander prägen. Damit prägen sie auch die Unternehmenskultur, ein Gebilde aus Grundannahmen, Werten und Ausdrucksformen dieser Werte (Schein 1995). Weil die Kultur stark von der Führung beeinflusst wird, wurde in den letzten Jahren sehr viel über Führungsstile und -techniken geredet und geschrieben. Es entstand eine „Leadership-Industrie", mit Seminaren und Trainings zahlloser Anbieter, um Führungskräfte aller Hierarchieebenen (noch) besser zu machen. Eine Revolution in Sachen Führungsqualität ist offensichtlich ausgeblieben. Zudem finden Berater nur selten Zugang zu Köpfen <u>und</u> Seelen der Leader. Nur dann nämlich wären sie in der Lage, den „organisationalen Überbau" in Übereinstimmung mit den wahren Motiven dieser Menschen, der Identität der Firma, ihren Zielen und den Herausforderungen ihrer Umwelt mitzugestalten.

Die zukünftigen Herausforderungen zwingen uns zur Rückbesinnung auf Tugenden wie Neugier, Mut, Respekt, Lern- und Kooperationsbereitschaft sowie fachliche Meisterschaft. Zu den größten Herausforderungen im Management gehört Komplexität. Wer sie bewältigen oder gar nutzen will, muss auf bestimmte Art und Weise denken, kommunizieren und kooperieren. Hinweise darauf liefert die Innovationsforschung. Industrielle Entwicklungsphasen, die von Produktivitätssprüngen begleitet waren, werden in Kondratieff-Zyklen abgebildet (Abb. 1.1). Der fünfte Zyklus basierte auf Informationstechnik und wurde damit nicht von Bodenschätzen, Stoffumwandlung und Energien getragen, sondern vom immateriellen Gut *Information.*

Nach Meinung von Zukunftsforschern können Produktivitätssprünge demnächst nicht mehr alleine durch Einsatz von Technik erzielt werden (Nefiodow und Nefiodow 2014). Produktivitätstreiber der neuen Art sind kognitiv-psychosoziale Kompetenzen. Dazu gehören Umgang mit Ungewissheit und Zielkonflikten ebenso wie die Fähigkeit zu lernen und zu kooperieren. Die Bedeutung solcher Faktoren ist leicht erklärbar: Zu den Chancen moderner Arbeitsumgebungen, wie internetbasierte Informationsräume und virtuelle Teams, gehören Synergien, die jedoch nur bei erfolgreicher Kooperation zustande kommen. Da trotz des technischen Fortschritts die Entwicklung der Produktivität in den Industrieländern seit Jahren rückläufig ist (Ehmer 2016), kann man davon ausgehen, dass der nächste Zyklus längst begonnen hat.

In diesem Beitrag kommen Menschen aus Unternehmen ganz unterschiedlicher Branchen und Größen zu Wort, mit Geschäftsmodellen, die so unterschiedlich sind wie die Erwartungen ihrer Zielgruppen. Die Unternehmen sind

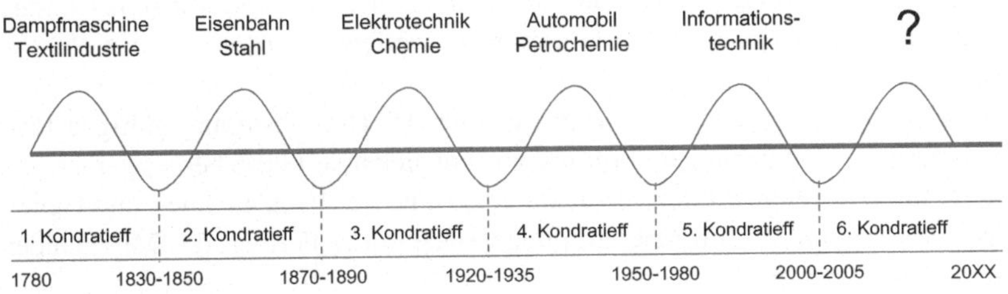

Abb. 1.1 Kondratieff-Konjunkturzyklen

erfolgreich und prinzipiell zukunftsfähig, weil sie wissen, dass die Wünsche ihrer Zielgruppe beachtet werden sollten. Ihnen ist bewusst, dass Kunden, Mandanten, Patienten, das Publikum oder wer auch immer Zielgruppe ist, ihre *Ertragsquelle* darstellen, die ihre Existenz sichert, sofern sie nicht über andere Finanzquellen verfügen. Das wird von der Theorie gestützt – sollte man meinen. Wer sich jedoch mit der Theorie des strategischen Managements auseinandersetzt, wird erkennen, dass aufgrund der Parallelität unterschiedlicher Strömungen eine einheitliche Theorie derzeit nicht existiert. Wirklich überraschend jedoch ist, dass sogar die Frage nach den Erfolgsfaktoren im Management unter Wissenschaftlern offen ist (Welge und Al-Laham 2012). Da diese Erkenntnis jemanden, der das Schicksal einer Firma verantwortet, nicht wirklich weiterbringt, müssen wir uns Prinzipien vor Augen führen, die im akademischen Diskurs zuweilen aus dem Blickfeld geraten.

Organisationen im Wettbewerb leben von Austauschbeziehungen, die durch Bevorzugung zustande kommen *(Präferenzprinzip).* Für das auswärtige Essen heute Abend bevorzugen meine Freundin und ich ein Bistro. Was uns betrifft, gehen deshalb z. B. das Brauhaus, der Italiener und McDonalds heute Abend definitiv leer aus. Austauschpartner wünschen sich Dinge, die der andere bietet. Bistros benötigen, wie alle Firmen, Geld, um ihre Kosten decken und Gewinn erzielen zu können. Kunden benötigen mitunter komplexe Dinge wie Autos, Einfamilienhäuser, Windkraftanlagen und Produkte zur Zinsoptimierung. Dass Kunden für ihr Geld einen Gegenwert erwarten, gehört zum Spiel, das zukunftsfähige Firmen beherrschen. Sie bieten nicht Dinge an, die niemand will und deren Qualität marktüblichen Standards nicht standhält. Sie wissen, dass auch ihre Beschäftigten Austauschpartner sind, weil sie Leistung erbringen und dafür einen Lohn erwarten. Auch sie haben die Firma anderen gegenüber bevorzugt, sofern sie wählen konnten, was für Leistungsstärkere meist zutrifft. Anders als Kunden sind Beschäftigte die *Leistungsquelle* der Firma, ohne die marktfähige Produkte nicht entstehen und verteilt werden können. Ihr Wissen, Können und Wollen sind *immaterielle Ressourcen,* die durch Ermächtigung (Dürfen/Sollen), Entwicklung und Vertrieb von Produkten und Dienstleistungen, die zahlende Abnehmer finden, in *materielle Vermögenswerte* umgewandelt werden (*Transformations-Prinzip,* Abb. 1.2).

Unternehmen, die solche auch im Zeitalter der Digitalisierung gültigen Prinzipien verinnerlicht haben, sind für die vor uns liegende Phase besser gerüstet als andere. Sie erliegen nicht der Versuchung, Erfolge der Vergangenheit und Gegenwart in die Zukunft zu projizieren, pflegen bestimmte Formen des Miteinanders und verfügen über bestimmte intrinsische Antreiber.

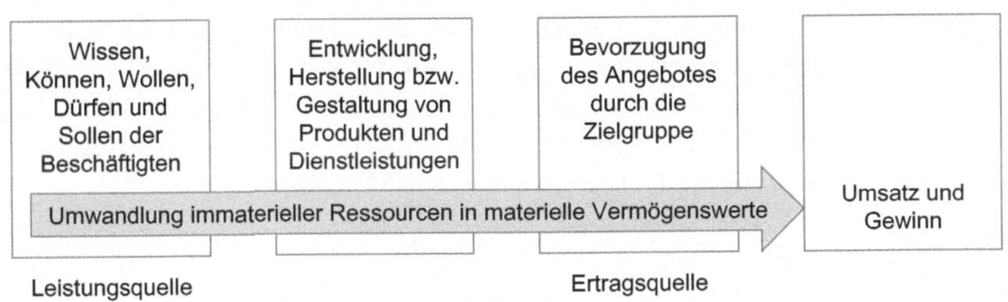

Abb. 1.2 Transformationsprinzip

1.3 Das Geheimnis der Agilität

Im nächsten Kapitel skizziere ich die Lage, in der sich Unternehmen zukünftig befinden. Kapitel drei enthält Faktoren, die das heutige Wirtschaftsgeschehen komplex machen. Kapitel vier wirft ein kritisches Licht auf Ratgeber und die Leadership-Industrie, zeigt aber auch Grenzen unseres Denkens. In Kapitel fünf geht es um kognitive Blockadelöser. In Kapitel sechs gebe ich die Gespräche mit Vertreterinnen und Vertretern ausgewählter Organisationen wieder und fasse sie in Kapitel sieben zusammen.

Was ist der Ursprung der Agilitätswelle? Wer ist eigentlich dafür verantwortlich, dass dieser Begriff die Führungsetagen derzeit so stark bewegt? 2001 trafen sich im US-Bundesstaat Utah 17 führende Softwareentwickler, darunter Ken Schwaber und Jeff Sutherland, die Väter von *Scrum,* einem Rahmenwerk für inkrementelle Softwareentwicklung. Gemeinsam verabschiedeten die Experten das *Manifesto for Agile Software Development,* das folgende Kernbotschaften enthält:

- Individuen und Interaktionen sind wichtiger als Prozesse und Tools
- Funktionierende Software ist wichtiger als umfassende Dokumentation
- Zusammenarbeit mit Kunden ist wichtiger als Vertragsverhandlungen
- Auf Änderungen zu reagieren ist wichtiger als Pläne zu befolgen (Schwaber und Sutherland 2012)

Für Schwaber & Sutherland ist Agilität „the ability to take advantage of opportunities or to rise to meet challenges with calculated risk“ (S. 30). Sie beruht auf Regeln zur Gestaltung agiler Methoden der Softwareentwicklung, die sich auch in anderen Bereichen bewähren. Takeuchi & Nonaka haben den Begriff Scrum

(„Gedränge") beim Rugby ausgeborgt und für Produktentwicklung unter Komplexität benutzt. Nicht jeder aber weiß, dass für die Scrum-Architekten Agilität auf *Commitment, Fokus, Offenheit, Respekt* und *Mut* basiert (Verheyen 2013). Die Realisierung dieser Werte ist keine Frage der Strategie und des Organisationsdesigns. Sie berührt vielmehr die Eigenschaften von Menschen.

Politischer Erdrutsch und revolutionäre Vorboten

2

Wir leben sprichwörtlich in spannenden Zeiten. Die Vereinigten Staaten von Amerika, bislang bewährt als Bollwerk der Freiheit, Toleranz und Demokratie, werden von einem Präsidenten regiert, der sich im Wahlkampf durch Nationalismus, Rassismus, Chauvinismus und politische Ahnungslosigkeit hervortat. Diese für einen US-Präsidentschaftskandidaten erstaunlichen Eigenschaften gefielen zuletzt nicht einmal mehr Vertretern der republikanischen Partei, für die Donald Trump ins Rennen gegangen war. Er wurde Präsident, weil das politische Establishment und seine Kontrahentin Hillary Clinton die Menge unzufriedener US-Bürgern unterschätzt haben, die üblicherweise (und vermutlich zu eng) mit den Attributen weiß, männlich, älter, auf dem Lande lebend und ohne Collegeabschluss markiert werden. Sie sehen sich durch freien Welthandel und den Opportunismus der „politischen Klasse" ins Abseits gestellt, weil sie von Arbeitslosigkeit, sinkenden oder stagnierenden Einkommen und ungünstigen beruflichen Perspektiven betroffen sind und im Einwanderungsland USA zunehmend unter Identitätsverlust leiden. Die Frustration dieser Menschen reicht aus, um sich der postfaktischen Sichtweise zu bedienen, die gut belegte Tatsachen bedeutungslos macht.

Der politische Erdrutsch beim wichtigsten atlantischen Partner der Deutschen ist der vorläufige Höhepunkt nationalistischer Tendenzen, die sich längst auch in Europa abzeichnen. Die Gründe dafür sind ähnlich wie in den USA, ergänzt durch Erfahrungen wie die Hilflosigkeit einer undurchsichtigen EU-Bürokratie. Haben nicht die Briten sogar unter Inkaufnahme wirtschaftlicher Nachteile für den Brexit gestimmt? Die Ereignisse in England und den USA sind Wasser auf die Mühlen von Parteien, die von Populisten geführt werden und europaweit Zulauf haben. Das dürfte auch die Wirtschaft verändern, wenngleich noch völlig unklar ist, inwiefern.

Wachsende soziale Ungleichheit, Perspektivlosigkeit, politische Instabilität und Gefahr für Leib und Leben in einigen Ländern Afrikas, des mittleren Ostens

P. Kinne, *Blockadefreie Unternehmen*, essentials,
DOI 10.1007/978-3-658-18536-7_2

und Asiens haben Migrations- und Fluchtbewegungen ausgelöst. Der Zustrom von Menschen mit fremden kulturellen Wurzeln erzeugt jedoch bei einem wachsenden Teil der etablierten Bewohner der Länder, in denen diese Menschen eine neue Zukunft suchen, ein Gefühl der Bedrohung, das nicht selten in Fremdenfeindlichkeit umschlägt. Die Taten junger Männer, die unter Berufung auf die Religion unter den „Feinden des Islam" abscheuliche Verbrechen begehen, geben dieser Haltung öffentliche Rechtfertigung. Vor diesem Hintergrund suchen manche Bürgerinnen und Bürger Orientierung, Trost und Zuversicht bei Verkündern von Heilsbotschaften und einfachen Lösungen. Die westlichen Demokratien stehen vor einer harten Bewährungsprobe. Ihre Firmen allerdings auch.

Man bezeichnet die vor uns liegende Wirtschaftsphase auch als *Vierte Industrielle Revolution.* Von einer Kulturwissenschaftlerin der RWTH Aachen erfuhr ich, dass Revolutionen erst durch ihre Geschichte, ihr *Narrativ,* zu Revolutionen werden, die Art und Weise also, wie die Ereignisse später geschildert und beurteilt werden. Zu den Besonderheiten der offenbar bevorstehenden Revolution gehört, dass von ihr schon die Rede ist, *bevor* sie ihre Wirkung entfaltet. In den bisherigen „industriellen Revolutionen" ging es nie nur um Technologie, sondern immer auch um soziale Veränderungen, den Umgang mit der Ressource Mensch, die Schnittstelle Mensch-Maschine, die Veränderung der Umwelt etc. Die vor uns liegende Phase unterscheidet sich jedoch lt. Klaus Schwab, dem Chef des Weltwirtschaftsforums, in Schnelligkeit, Reichweite und systemischer Wirkung von allen bisherigen Phasen.

Bald werde die physikalische Sphäre mit der digitalen und biologischen Sphäre verschmelzen. Das werde nicht nur die Art und Weise revolutionieren, wie Firmen ihre Geschäfte betreiben, sondern auch die Art, wie wir leben, ja sogar, *wer wir sind* (Schwab 2016, S. 3). Die Nutzung der Daten, die von Sensoren in Produktionshallen und allen möglichen Gegenständen des täglichen Lebens erfasst und über das Internet übertragen werden, verändert das Geschäfts- und Privatleben von Grund auf. Eine DNA-basierte Biotechnologie (DNA steht für *deoxyribonucleic acid,* deutsch DNS, Desoxyribonucleinsäure. Das Biomulekül ist Träger der genetischen Information) ermöglicht nicht nur bessere Medikamente und Nahrungsmittel, sondern auch die Erzeugung von Designerbabys. Die Nanotechnologie schafft Gebrauchsmaterialien kleinster Ausmaße und unglaublicher Robustheit. Digitale Plattformen machen in einer *sharing economy* den Besitz anfassbarer Dinge wie Fahzeuge, Immobilien und DVDs überflüssig und erzielen in kurzer Zeit globale Reichweite, bei vergleichsweise geringem Kapitalbedarf. Die On-demand-Ökonomie verändert Arbeitsbeziehungen. Digitale Identitäten müssen vor Manipulation und Diebstahl geschützt werden, Firmen wappnen sich gegen Cyber-Kriminalität. Wer mittels Big Data eine 360°-Sicht auf seine Kunden gewinnen will, muss eine Flut unstrukturierter Daten managen sowie rechtliche, ethische und sicherheitstechnische Anforderungen erfüllen (IBM 2014).

Der Fortschritt in der Informationstechnologie hat die Akkumulation großer Finanzwerte dramatisch verlagert: Die wertvollsten Firmen sind heute nicht Ölproduzenten, Autohersteller und Handelsketten, sondern Firmen, deren Geschäftsmodell auf Information basiert. Dieses Geschäftsmodell kann mit deutlich weniger Personal betrieben werden. Die drei größten Firmen im Silicon Valley hatten 2014 mit 137.000 Beschäftigen eine Markwert von über US$ 1 Billion. 25 Jahre zuvor hatten die drei größten Autobauer in Detroit mit 1,2 Mio. Beschäftigkten einen Marktwert von US$ 36 Mrd. Damit erzielten sie den gleichen Umsatz wie die Silicon Valley-Firmen 25 Jahre später (Schwab 2016, S. 10).

Über die mit diesen Entwicklungen verbundenen Veränderungen der Arbeitswelt ist viel gesagt und geschrieben worden. Fortschritts-Optimisten sehen vor allem Chancen für den allgemeinen Wohlstand. Sie werden jedoch schmallippig, wenn sie darüber spekulieren sollen, wovon jene Menschen ihren Lebensunterhalt bestreiten können, deren Arbeitsplätze demnächst durch Robotik und künstliche Intelligenz ersetzt werden. Zu den längerfristig Betroffenen gehören, neben Menschen in der Fertigung, qualifizierte Dienstleister. Der „Robo-Anwalt" wird z. B. demnächst standardisierbare Rechtsansprüche bearbeiten. Forderungen nach einem bedingungslosen Grundeinkommen werden lauter. Dem Argument, kreative Wissensarbeiter stünden vor goldenen Zeiten, sei entgegnet, dass die Abläufe in der Wirtschaft zunehmend von Algorithmen bestimmt werden, die für Kreativität wenig Raum lassen. Es ist also fraglich, wie viele kreative Nicht-Techniker jenseits künstlerischer und gestaltender Berufe noch benötigt werden. Zu Letzteren gehört im Übrigen auch das Management.

3 Komplexität und ihre Treiber

3.1 Komplexität – was genau ist das?

Das im letzten Kapitel beschriebene Szanario hat die Komplexität im Wirtschaftsgeschehen exponentiell erhöht. Streng genommen ist Komplexität der Oberbegriff der VUCA-Kriterien, weil Volatilität, Unsicherheit und Ambiguität zu ihren Symptomen gehören. Sie ist ein Merkmal von Systemen – Gesamtheiten von Elementen, die miteinander interagieren, um einen bestimmten Zweck zu erfüllen. Was aber bedeutet *komplex?*

Im Duden stehen Begriffe wie vielschichtig, verflochten, nicht auflösbar, multidimensional und heterogen. Die Definition von Komplexität ist keineswegs eindeutig, und zudem nach Disziplinen unterschiedlich, wenngleich die Bedeutung des Phänomens für interdisziplinären Austausch spricht (Schoeneberg 2014, S. 25). Hier wähle ich eine Definition, nach der sich Komplexität in der *Varietät* (Vielfalt) *möglicher Zustände eines Systems pro Zeiteinheit ausdrückt* (vgl. Malik 2003). Die Varietät basiert auf unterschiedlichen Dimensionen des Systems: Der Anzahl und Verschiedenartigkeit seiner *Elemente* (Personen, Einheiten, Daten, Prozesse, technische Systeme etc.), der Anzahl und Verschiedenartigkeit der *Beziehungen* zwischen diesen Elementen sowie der *Dynamik der Veränderung* von Elementen und Beziehungen. In komplexen System gibt es positive und negative Rückkopplungen, nicht-lineare Wechselwirkungen, Multikausalität, Verzögerung und differenzierte Sensitivitäten (Schoeneberg 2014, S. 30). Dieser Mix an Dimensionen und Effekten ist *intransparent und nicht planbar.* „Der Entscheider hat keine Möglichkeit, das Netzwerk zirkulärer Kausalität intuitiv zu erfassen, keine Möglichkeit exakter Modellierung und exakter Prognosen, er muss mit Überraschungen und Nebenwirkungen rechnen. Der Umgang mit komplexen Systemen erfordert ein hohes Maß an Wissen über die kausalen Zusammenhänge der Systemelemente … und die Fähigkeit, Komplexität auf

P. Kinne, *Blockadefreie Unternehmen*, essentials,
DOI 10.1007/978-3-658-18536-7_3

wenige Merkmale und Muster zu reduzieren" (Gabler Wirtschaftslexikon). Aber welche Komplexität kann man reduzieren?

Hier kommt die Art ihrer Wahrnehmung ins Spiel. Die Zahl der Beschäftigten ist *objektiv* erfassbar. Intransparenz löst hingegen *subjektive* Empfindungen aus, wie Neugier, oder Angst. Wer Komplexität bewältigen will, muss ihre Wahrnehmungsformen unterscheiden. Er sollte wissen, wo Komplexität entsteht, welcher Teil reduzierbar ist und wie der nicht reduzierbare Teil gemanagt werden kann. Da es in diesem Beitrag um das Verhalten von Menschen in einem komplexen Umfeld geht, bleiben technische und produktbezogene Aspekte, wie z. B. modulare Produktarchitekturen oder Variantenmanagement, außen vor.

3.2 Eigenkomplexität, die Schaden anrichtet

Unternehmen sind an sich komplexe Systeme, und gleichzeitig Teil noch komplexerer Systeme: Den Märkten und den Umwelten dieser Märkte. Handel mit Kuba ist anders als Handel mit Holland. Relevante Dinge ereignen sich in der Vergangenheit, Gegenwart und Zukunft. Man kann sich für die Makro-, Meso- oder Mikroebene interessieren und verschiedene Zeitabschnitte des Geschehens (Abb. 3.1). Erfolgsrelevant ist jedoch das gesamte, komplexe Spektrum.

Strukturbedingt haben Firmen ein mehr oder weniger hohes Maß an Eigenkomplexität. Sie wird nicht nur durch deren Struktur und ihre Verknüpfungen beeinflusst, sondern auch durch Rätsel wie diese: *Wie lautet unsere Strategie? Haben wir überhaupt eine? Wenn ja, wer kennt sie? Ist allen klar, wofür unser Unternehmen steht, und wie wir das, wofür es steht, realisieren, erhalten und ausbauen?*

Wenn solche Fragen unbeantwortet bleiben, gibt es mehr unkalkulierbare Zustände als es der Systemstruktur natürlicherweise entspricht. Wenn relevante Fakten nicht bekannt sind, Strategien nicht definiert und unklare oder gar widersprüchliche Botschaften im Hause kursieren, entstehen *Orientierungsdefizite,* die hausgemacht sind. Sofern sie den Betrieb nicht komplett lahmlegen, erhöhen sie zumindest den Abstimmungsaufwand. Das erschwert auch die *Selbstorganisation,* ein weiteres modernes Funktionsprinzip.

Orientierung basiert unter anderem auf Entscheidungen, bestimmte Dinge zu tun, andere hingegen nicht: Aus der Vielfalt möglicher Handlungen wird mit der gebotenen Sorgfalt ein Handlungsbündel ausgewählt. Ohne diesen selektiven Akt des Bewusstseins ist ein produktiver Umgang mit Komplexität nicht möglich. Inhalt strategischer Entscheidungen sind meist *Ziele,* Wegweiser von einem Ist zu einem Soll. Da sich aber Unternehmen, wie Menschen, nicht nur durch Ziele,

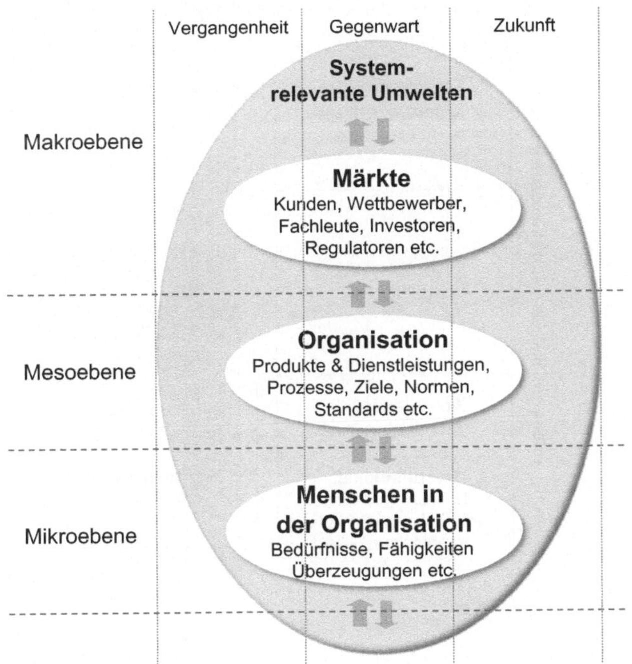

Abb. 3.1 Gesamtsystem Organisation, Menschen, Umwelt und Zeit

sondern auch durch *Eigenschaften* voneinander unterscheiden, sollte auch dazu Orientierung vermittelt werden. Entsprechende Aussagen lassen sich pragmatisch den Begriffen *Zweck, Absicht* und *Anspruch* zuordnen: Der Zweck informiert über Produkte und Zielgruppen, die Absicht über Ziele, der Anspruch über Eigenschaften und Werte. Konsens in diesen Orientierungsgrößen (sie werden im *essential* „Hausaufgaben für Gewinner" näher erläutert) erzeugt eine Grundauffassung, die von allen geteilt wird. Kooperations- und Entscheidungsprozesse werden dadurch deutlich einfacher.

Wenn nun diese Größen entschieden sind und kommuniziert werden, die erlebte Wirklichkeit jedoch im Widerspruch dazu steht (z. B. wenn mein Chef etwas anderes vorlebt oder mich nach Kriterien beurteilt, die jeglichen Bezug zu definierten Absichten und behauptetem Anspruch vermissen lassen), geht Vertrauen verloren. Vertrauen ist ein besonders wirksames Mittel gegen gefühlt hohe Komplexität, weil ungute Gefühle, die auf Ungewissheit beruhen, durch Vertrauen kompensiert werden können. Ungewissheit ist dann leichter verkraftbar.

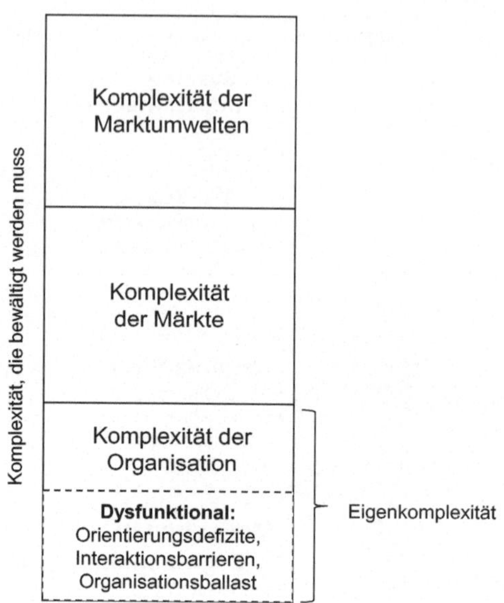

Abb. 3.2 Komplexitätsquellen

In einem Umfeld ohne Vertrauen werden Orientierungsdefizite stärker als solche wahrgenommen (vgl. Luhmann 2000).

Diese Art von Eigenkomplexität ist *dysfunktional*. Sie raubt den Akteuren Zeit, Energie und sonstige Mittel, die sie besser zum Lösen von Aufgaben verwenden könnten, an denen andere noch scheitern. Dysfunktionale Eigenkomplexität (DEK) entsteht auch durch *Interaktionsbarrieren,* deren Ursachen in Personen, Strukturen, Kulturen, der Technik oder einem Mix daraus liegen. Sie entsteht weiterhin durch *Organisationsballast,* hervorgerufen z. B. durch Beschäftigung mit falschen Themen, Ineffizienzen, unnötige Ressourcen und Bestände. DEK ist ein so häufiger wie mächtiger Blockadeverursacher (Abb. 3.2).

3.3 Komplexität im Außenraum

Da komplexe Unternehmen nichts völlig Neues sind, sorgen vor allem Faktoren im Außenraum für die hohe Komplexität im heutigen Wirtschaftsgeschehen. Die folgende Aufzählung erhebt keinen Anspruch auf Vollständigkeit:

- **Globalisierung**
  Erhöhter Wettbewerbs- und Innovationsdruck durch erweiterte Märkte, etablierte Verkehrswege und distanzneutrale Kommunikation.
- **Digitalisierung & Internet**
  Neue Informations- und Interaktionsmöglichkeiten erzeugen gigantische Wissensbestände, beschleunigen Veränderungsprozesse und zwingen zur Spezialisierung.
- **Heterogene Datenquellen**
  Internet, soziale Medien und Sensoren produzieren einen schnell wachsenden Strom unstrukturierter Daten, deren Nutzung neue Kompetenzen der Analyse, Steuerung und Sicherung erfordern.
- **Verschmelzung von Technologien**
  Die fortschreitende Integration der physikalischen, digitalen und biologischen Sphäre erhöht die Multidimensionalität sozio-technischer Systeme.
- **Immaterielle Erfolgsfaktoren**
  Persönliches Wissen, Kreativität, Engagement und Kooperationsbereitschaft sind erfolgskritisch, entziehen sich jedoch klassischer Methoden der Planung und Kontrolle.
- **Machtverlagerung**
  Soziale Medien dynamisieren die Meinungsbildung multipler Interessengruppen.
- **Sozio-kulturelle Vielfalt**
  Demografie- und globalisierungsbedingt werden Kunden und Belegschaften heterogener.
- **Politische Instabilität**
  Schwer berechenbare Staatenlenker, internationale Interessenkonflikte und zunehmender Nationalismus destabilisieren die geopolitische Lage.

Von Komplexität betroffen sind Organisationen beliebiger Größe, und selbst freiberuflich tätige Einzelkämpfer müssen damit umgehen. Wir alle müssen Abschied nehmen von Zeiten, in denen Zusammenhänge klar, einfach, zweifelsfrei und beständig waren.

Weitere Blockadeverursacher 4

4.1 Zweifelhafte Ratgeber

In Managementbüchern, die sehr praktisch gehalten sind, versucht man oft mit *One size fits all*-Lösungen zu punkten. Anwender sind enttäuscht, wenn sich solche Lösungen bei konkreten Aufgaben als zu wenig spezifisch erweisen. Simplify your life? Ein fantastischer Vorsatz! Bei seiner Umsetzung sollte man aber unbedingt Einsteins Mahnung beachten: *Mache die Dinge so einfach wie möglich – aber nicht einfacher!* An unangemessener Einfachheit scheitern auch Konzepte, die innerhalb enger Fachgrenzen gedacht werden, auch Silos genannt. Während fachübergreifende Zusammenhänge immer wichtiger werden, schreitet die Spezialisierung fort. Komplexität kann jedoch mit Silos nicht bewältigt werden. Das beste Mittel gegen nicht organisierbare Komplexität ist – organisierte Komplexität. Die Regel dazu hat W.R. Ashby formuliert: *Only variety can destroy variety* (Ashby 1970). Firmen haben einen existenziellen Vielfaltsbedarf. Ihr Verhaltensrepertoire muss groß genug sein, um der Varietät möglicher Zustände im Umfeld mit produktiver, eigener Varietät begegnen zu können. Nur so kann Komplexität *absorbiert* werden.

Nicht zu übersehen ist die Tendenz, Zukunftslösungen einseitig in der Digitalisierung der Geschäftsprozesse zu sehen. IT-Berater und mitunter auch Verbandsvertreter erwecken den Eindruck, dass Firmen, die nicht den neuesten IT-Trends folgen, bald vom Markt verschwunden seien. Natürlich muss ein Onlinehändler im Konsumentengeschäft über eine zeitgemäße IT-Architektur verfügen. Wer jedoch suggeriert, Digitalisierung sei generell die einzige Quelle zukünftiger Wettbewerbsvorteile, handelt grob fahrlässig. Wichtige Wachstumsreserven liegen in der Kombination von technischer und sozio-analoger Konnektivität. Wer sie nutzen will, muss jedoch seiner analogen Ressource Mensch die nötige Beachtung schenken.

P. Kinne, *Blockadefreie Unternehmen*, essentials,
DOI 10.1007/978-3-658-18536-7_4

Das Münchener Institut für sozialwissenschaftliche Forschung hat ermittelt, dass IT-Firmen neuerdings versuchen, Arbeit jenseits des „Expertenmodus" neu zu organisieren, um weniger abhängig vom Wissen Einzelner zu werden. Die informatorische Durchdringung vieler Arbeitsprozesse ermöglicht 100 Jahre nach Frederic Taylor neue Formen der Kontrolle. In einem datenbasierten *System permanenter Bewährung* können digitale Endgeräte wie Smartphone und Laptop zur Entgrenzung von Arbeit beitragen. Kohärente Sinnstrukturen drohen dadurch verloren zu gehen, was Betroffene ihrer Schutzschilde gegen steigende Belastungen beraubt und immer häufiger krank macht. Zur Risikogruppe gehören mittlere Führungskräfte, die in ihrer Sandwichposition die Möglichkeit verlieren, ihre Teams zu schützen (Kämpf 2015). Humankapital dieser Art ist nicht nachhaltig.

4.2 Leadership in der Krise

Zum Weltwirtschaftsforum in Davos strömen alljährlich die weltweit wichtigsten Leader aus Wirtschaft und Politik, um sich mit den Herausforderungen unserer Zeit auseinanderzusetzen. Klaus Schwab hat dieses Forum gegründet. Angesichts seines engen Kontaktes zu den Top-Vertretern der internationalen Führungsriege verwundert es schon, wenn er zur Qualifikation von Leadern schreibt: „I feel that the required levels of leadership and understanding of the challenges underway, across all sectors, are low when contrasted with the need to rethink our economical, social and political systems to respond to the fourth industrial revolution" (Schwab 2016, S. 9). Was könnten die Gründe für Schwabs begrenztes Zutrauen in Führungskräfte sein?

Nach einer Meta-Studie des Center for Creative Leadership hat sich in den letzten Dekaden etwa die Hälfte der Führungskräfte in den USA als ineffektiv erwiesen. Vor einigen Jahren waren nach einer Mercer-Studie von weltweit über 30.000 Beschäftigten 56 % bereit, den Arbeitsplatz zu wechseln (Pfeffer 2015, S. 16–18). Die Situation in Deutschland ist nicht viel besser. Das Gallup-Institut ermittelt seit 2001 auf der Basis von Zufallsbefragungen bei ca. 1500 Beschäftigten den „Engagement-Index" in Industrieländern. Von der emotionalen Bindung an das Unternehmen schließt man auf das Engagement des Beschäftigten, und damit ihre Produktivität. Im Jahr 2015 empfanden 16 % der Beschäftigten in Deutschland eine hohe emotionale Bindung an ihr Unternehmen. Weitere 16 % empfanden gar keine, und 68 % fühlten sich emotional wenig gebunden. Das bedeute Dienst nach Vorschrift. Da die Zahlen seit 14 Jahren stabil sind, muss die deutsche Wirtschaft seitdem Produktivitätseinbußen von jährlich zwischen 76 und 99 Mrd. EUR verkraften (Gallup 2016). Viele Arbeitsplätze sind offenbar *toxic environments* (Pfeffer 2015, S. 13). Die hohe Lebenszufriedenheit der Deutschen basiert, sofern sie am Arbeitsleben teilnehmen, nicht auf der Vorzüglichkeit ihrer

Vorgesetzten. Das wirft die Frage auf, was eigentlich die Führungskräfteentwicklung bewirkt, für die allein in den USA jährlich geschätzt US$ 14 Mrd. ausgegeben werden (S. 10).

Pfeffer, Professor in Stanford, hält die Leadership-Industrie mit ihrer Flut an Büchern, Artikeln, Seminaren, Webinaren, Beratungen, Trainings und Coachings für gescheitert. Das Scheitern erklärt er u. a. damit, dass zwar doziert werde, wie sich Führungskräfte verhalten sollen: *sorge für ein Klima des Vertrauens, sei ehrlich und authentisch, zeige Demut vor Deiner Aufgabe etc.* Zu wenig bzw. gar kein Augenmerk werde jedoch darauf gelegt, was anschließend passiert (24). Werden Führungsseminare nicht auch deshalb gebucht, weil sich das Führungsverhalten nicht ändert und man das Heil im „Mehr vom Gleichen" sucht? Solche Maßnahmen müssten sinnvoll evaluiert werden – schon von den Teilnehmern. Referenten werden oft mit *happy sheets* beurteilt. Zwischen der Zufriedenheit der Studenten und deren Lernerfolg besteht aber offenbar kein signifikanter Zusammenhang (Clayson 2009). Die „teacherratings" können Referenten dazu veranlassen, ihre Kurse so zu verändern, dass Lernerfolg eher unwahrscheinlicher wird. Dazu Pfeffer: „Measuring entertainment value produces great entertainment, not change" (S. 29).

Fraglich sei auch die Qualifikation vieler Leadership-Berater, die entweder a) niemals eine Führungsposition bekleidet haben oder b) in einer solchen Position gescheitert sind oder c) Ratschläge erteilen, nach denen sie früher nie gehandelt haben. Wer sich dennoch von der Fortbildung inspiriert fühlt, kehrt oft in die vertraute Umgebung zurück. Beim ersten Anzeichen eines Versuchs, Dinge zu ändern, fragen manche Kollegen dann völlig erstaunt „Warst Du auf einem Führungsseminar?"

Ein wichtiges Führungsinstrument ist das persönliche Gespräch. Nach der letzten Gallup-Studie wurde nicht einmal mit die Hälfte der Beschäftigten im letzten halben Jahr ein Gespräch über ihre Leistung geführt. Der Soziologe Brian Uzzi sagt: „Ein großartiger Chef stellt großartige Fragen, die seinen Mitarbeitern helfen, die besten Lösungen zu finden" (Uzzi 2016). Die Gelegenheit dazu muss erst einmal geschaffen werden!

4.3 Grenzen des Denkens, und wie wir damit umgehen

Finden Führungskräfte noch die Zeit, Dinge gründlich zu durchdenken und ihr Wissen zu erweitern? Schwab bemerkt: „It is not unusual for me to talk to leaders who say that they no longer have time to pause and reflect, let alone the „luxury" to read even a short article all the way through." (Schwab 2016, S. 102). Eine andere Quelle ergänzt: „Es wird kaum mehr ernsthaft gedacht in diesen Tagen, sondern nur noch gesammelt, was sich einfügt in die eigenen Überzeugungen. Dabei ist das Fragen, das Zweifeln an eigenen Positionen wichtiger denn je!“ (Emcke 2016). Der Satz stammt von Carolin Emcke, Trägerin des Freidenspreises des deutschen Buchhandels. Führungskräfte sollten sich unbedingt diesem Trend entziehen, denn das Nicht- Reflektieren und Ausblenden relevanter Fakten kann Unternehmen ihre Existenz kosten.

Unser Denk- und Entscheidungsvermögen unterliegt jedoch natürlichen Grenzen. Herbert Simon, der für die Erforschung von Entscheidungsprozessen in Unternehmen den Nobelpreis für Wirtschaft bekam, hat erkannt, dass die Komplexität unserer Umwelt unsere analytische Verarbeitungskapazität bei weitem übersteigt. Als er in den 70ern die *bounded rationality* beschrieb, gab es noch kein Internet (Simon 1972). Die Reaktionsanforderungen, die eine rasant wachsende Menge und Geschwindigkeit von Datenflüssen aus sensorbasierten Realtime-Systemen heute mit sich bringt, überfordert das analytische Denkvermögen des Menschen umso mehr. Unternehmen wir einen kurzen anthropologischen Rückblick:

Unser kognitives System entwickelte sich in einer Zeit, in der unsere Vorfahren als Höhlenmenschen mit überschaubaren Ereignissen ihres Alltags beschäftigt waren. Ihr zeitlicher Horizont ging nicht über Tagesroutinen und den Zyklus der Jahreszeiten hinaus. Sie interagierten mit Verwandten und Stammesangehörigen und erweiterten zuweilen ihren Einflussbereich durch kriegerische Handlungen. Bedrohlichen Situationen entzogenen sie sich durch Flucht. Seitdem hat sich die Technologie deutlich schneller entwickelt als unser Denkvermögen (wenngleich der „Flynn-Effekt“ für eine gewisse mentale Anpassung an die gewachsene soziale Komplexität spricht (Lindsay 2013, S. 16)). Was bedeutet diese Entwicklungslücke für unser Verhalten in einem hochkomplexen Umfeld?

Studien weisen auf ungünstige Verhaltensmuster hin. Auch wir modernen Menschen reagieren auf Komplexität, die wir kognitiv nicht verarbeiten können, mit Fatalismus, Flucht, Aussitzen, Durchwursteln, fahrlässiger Vereinfachung, Einseitigkeit, Rückzug auf Bekanntes und Bewährtes. In Unternehmen fand man drei Formen von „Kurzsichtigkeit“ *(lerning myopia):*

- Ausblenden längerer Zeitabschnitte
- Verengte Sicht auf das eigene Arbeitsumfeld
- Ausblenden von Fehlern (Levinthal und March 1993)

Der Versuch, Prozesse zu vereinfachen, macht sie oft unübersichtlicher (Müller-Stewens und Fontin 1997). Regeln werden oft verkompliziert. Das steigert aber nicht die Lösungskompetenz einer Firma, sondern ihre dysfunktionale Eigenkomplexität

(Klein 2008). Viele Unternehmen scheitern an Einseitigkeit, z. B. solche mit *Burn-out-Syndrom.* Sie wachsen exzessiv, verändern sich permanent und unorganisiert und entwickeln eine Kultur des internen Wettbewerbs. Beispiele dafür sind Daimler-Crysler, Enron und Worldcom. Sie wurden von autokratischen, überehrgeizigen Persönlichkeiten geführt. Das andere Extrem sind Firmen mit *Premature Aging-Syndrom.* Ihr Wachstum stagniert, der Widerstand gegenüber Veränderungen ist stark, die Erfolgskultur schwach, wie bei der alten Telekom (Probst und Raisch 2005).

Auf Ungewissheit reagieren größere Organisationen mit Risikomanagement. Gert Gigerenzer, Direktor am Max Planck-Institut für Bildungsforschung, weist auf das Schicksal amerikanischer Truthähne hin. In den USA genießen diese Tiere für etwa 100 Tage die besondere Zuwendung ihrer Besitzer, die sich in lückenloser Nahrungszufuhr ausdrückt. Was die dadurch anhänglich gewordenen Tiere nicht kennen, ist Thanksgiving – jener Brauch, der sie an Tag 101 das Leben kostet. Sie werden Opfer der *Truthahnillusion,* die auf Unkenntnis von Risiken basiert (Gigerenzer 2014, S. 55). Beck erkennt, dass wir nicht wissen, was wir nicht wissen (Beck 2006). Komplexität, die ignoriert oder unüberlegt „weggemanagt" wird, kann nicht bewältigt, schon gar nicht genutzt werden.

Im Umgang mit Komplexität stoßen sogar die in unserer aufgeklärten Welt so hoch geachteten logischen Schlüsse an Grenzen. Unsere Logik basiert auf *Deduktion* und *Induktion.* Ein deduktiver Schluss lautet: *Auf jeder Pizza ist Käse* (Regel). *Wenn Monika eine Pizza isst, isst sie auch Käse* (Resultat). Ein induktiver Schluss lautet: *Monika und Hans essen von 20–21 Uhr zu Abend* (Beobachtung 1) *und sind nach dem Essen gesättigt* (Beobachtung 2). *Sie sind dann um 21 Uhr gesättigt* (neue Regel). Solche Schlüsse sind plausibel und verlässlich. Was aber ist, wenn die beiden ihre Essgewohnheiten ändern? In einer VUCA-Welt steigt der Wert *gültiger* Vorausblicke. Das bedarf keiner Veränderung von Naturgesetzen, sondern der Überwindung traditioneller Grenzen des Denkens. Entsprechende Werkzeuge werden im folgenden Kapitel beschrieben.

5 Gedankensprünge und andere Blockadelöser

5.1 Logik des Möglichen

Wir sind gewohnt, Argumente auf ihre *Verlässlichkeit* hin zu prüfen. Die *Gültigkeit* (z. B. im Erfüllen neuer Bedürfnisse) kommt dabei oft zu kurz. Die jedoch benötigt man für Aufgaben, die mit verlässlichem Wissen alleine nicht lösbar sind. Hier hilft die *Logik des Möglichen,* auch *Schluss auf die beste Erklärung* genannt. Grundlage dessen ist *Abduktion.* Dieser Gedankensprung in unbekanntes Terrain geht auf Peirce zurück (Martin 2009a, S. 66). Beim Design thinking, bei dem die Anforderungen der Nutzer einer Lösung Dreh- und Angelpunkt aller Überlegungen sind, ist Abduktion gelebte Praxis. Aus Gedankensprüngen werden Hypothesen, aufgrund derer Prototypen gebaut werden, die im praktischen Betrieb getestet und optimiert werden können (Plattner et al. 2009).

Die Wurzeln des Design thinkings liegen im Silicon Valley, das gerade von einer Welle mit hochrangigen Besuchern aus deutschen Organisationen überrollt wird, darunter sogar Vertreter der Kirche. Ziel ist, ein Stück vom Unternehmergeist dieser Region zu erfassen, der den Marktwert von Firmen wie Apple, Google und Facebook in so respektlos kurzer Zeit in Höhen trieb, von denen traditionsreiche Dax-Unternehmen nur träumen können. Nach Rückkehr der Reisenden werden zuhause *Acceleratoren, Inkubatoren* oder *Coworking Spaces* implementiert, um die Kreativ-Kultur im Valley für eigene Zwecke nutzen zu können. Die kulturelle Integration dieser Enklaven scheint manchmal eine Herausforderung zu sein.

Gedankensprünge kommen selten überfallartig und sind auch nicht Ergebnis freier Kreativitätsübungen, sondern basieren auf einem umfassenden Verständnis komplexer Aufgaben. An deren Lösung sollten Menschen mit unterschiedlichen Lern- und Entwicklungserfahrungen arbeiten, die Aufgaben aus verschiedenen Perspektiven betrachten. Produktive Gedankensprünge werden so wahrscheinlicher.

P. Kinne, *Blockadefreie Unternehmen,* essentials,
DOI 10.1007/978-3-658-18536-7_5

Das ist selbstredend vollkommen unabhängig von Alter, Geschlecht, Herkunft, Hautfarbe, Religion, sexueller Orientierung und sonstigen Merkmalen, in denen sich Mitdenkende voneinander unterscheiden mögen. Blockadefreie Unternehmen sind offen für Andersartigkeit, weil Talente nunmal in unterschiedlichen „Hüllen“ stecken. Mann muss diese Vielfalt aber auch nutzen können. Das Bekenntnis *We like diversity* ist sympathisch, macht aber Unternehmen noch nicht produktiver (Kinne 2016).

5.2 Aufgelöste Widersprüche

Verlässliches Wissen ist nicht etwa verzichtbar. Es kommt auf die richtige Mischung an, auf die Balance zwischen *Verlässlichkeit* und *Gültigkeit.* Weitere Gegensätze mit Balancebedarf sind z. B. *Agilität versus Stabilität* und *Exploration versus Exploitation,* Nutzung von Wissen (zur Optimierung der Effizienz) versus Erneuerung von Wissen (als Basis von Innovation, March 1991). Nach einer Studie der TU Darmstadt mit mehr als 2000 befragten Unternehmen in acht Ländern integrieren zukunftsfähige Firmen positive Gegensätze und sind damit „beidhändig“ (Stock-Homburg et al. 2016). Durch Auflösung vermeintlicher Widersprüche steigen die Erfolgsaussichten. Gedankensprünge können dabei sehr nützlich sein. Das uns so vertraute Entweder-oder-Denken wird durch Sowohl-als-auch-Denken zumindest ergänzt. Das bewährt sich schon im Alltag.

Im täglichen Miteinander entfalten Werte vor allem dann eine konstruktive Wirkung, wenn sie in einer ausgehaltenen Spannung zu einem Gegenwert gelebt werden, einer „komplementären Schwestertugend“. Verständnisvoll sein ist eine wertvolle Eigenschaft. Wenn aber daraus *unkritische Pseudo-Harmonie* wird, verkommt der Wert zu einem Unwert, einer *übertreibenden Entwertung* (Schulz von Thun 2016). Ein positiver Gegenwert wäre *Mut zur Konfrontation.* Auch der kann entwertet werden, z. B. durch *herabsetzende Aggression.* In ausbalancierten, positiven Gegensätzen steckt ein beachtliches Wertschöpfungs-Potenzial.

Roger Martin, ehemals Dekan der Rotman School of Management in Toronto, stand A.G. Lafley in dessen Zeit als Chef des Konsumgüter-Riesen Procter & Gamble beratend zur Seite. Beide gelten als integrative Denker. P&G hat in dieser Zeit (2000–2010) den Umsatz verdoppelt und den Gewinn vervierfacht. Martin definiert integratives Denken so: „The ability to face constructively the tension of opposing ideas and, instead of choosing one at the expense oft the other, generate a creative resolution in the form of a new idea that contains elements of the opposing ideas but is superior to each“ (Martin 2009b, S. 15). In *essential* „Hausaufgaben für Gewinner“ beschreibe ich die Nutzung eines Orientierungsrahmens mit 13 erfolgskritischen Gegensätzen (vgl. auch Kinne 2013). Die „Ökonomie der Ausgewogenheit“ vermeidet Einseitigkeit und erweitert das organisationale Verhaltensrepertoire. Das senkt die Fehlerquote, macht Veränderungsphasen kürzer und leichter, und positive Ergebnisse nachhaltiger.

5.3 Einfach Substanz erhalten

Lindsay wirbt für die Fähigkeit, in einem komplexen Umfeld gedanklich zu abstrahieren: „Abstraction is our master strategy for dealing with complexity“ (Lindsay 2013, S. 13). Das eigene Wissen wird über den bisherigen Horizont der Wahrnehmung hinaus erweitert, um das System, in dem man sich befindet, besser zu verstehen. Entscheider treffen ihre Entscheidungen dann nicht nur mit Hinblick auf ihren eigenen Bereich, sondern bedenken mögliche Effekte im Gesamtsystem.

Zwischen Märkten und Marktumwelten, der „Institution Organisation“ und ihren Menschen, existieren komplexe Interaktionsbeziehungen. Forscher wie Forrester und Senge haben den Wert des *systems thinking* hervorgehoben, nicht ohne auf den Einfluss mentaler Modelle auf der Mikroebene für das Systemverständnis hinzuweisen (Forrester 1961; Senge 1999). Ein System wird auch durch Herausstellung erfolgskritischer Gegensätze, die ebenfalls eine Abstraktionsleistung ist, besser verstehbar. Abstraktion versetzt uns zudem in die Lage, mit Menschen zu interagieren, die wir persönlich nicht kennen, und Pläne nicht nur an akuten Bedürfnissen auszurichten (Lindsay 2013, S. 13). Nicht zuletzt ermöglicht sie *substanzerhaltende Vereinfachung.* Im Gegensatz zu *substanzvernichtender Vereinfachung,* auf die wir trotz Einsteins Mahnung so leicht hereinfallen, vermittelt die erste Variante Orientierung, weil komplexe Zusammenhänge von „höherer Warte“ mit einfachen Worten beschrieben werden, gemäß dem Satz von De Bono: „Simplicity before understanding is simplistic; simplicity after understanding is simple“ (De Bono 2015). Lotter ergänzt: „Das Neue ist, was wir begreifen können“ (Lotter 2016).

5.4 Intelligenz des Unbewussten

Unser kognitiver Werkzeugkasten wird noch reichhaltiger, wenn wir in passenden Momenten intuitiv handeln. Die *Intelligenz des Unbewussten* folgt weder dem Prinzip des übergeordneten Nutzens, auf dem die Entscheidungstheorie basiert, noch funktioniert sie durch logisches Abwägen aller Eventualitäten. Sie beruht auf Eingebungen oder Bauchgefühlen, die unter bestimmten Voraussetzungen zu besseren Entscheidungen führen. Intuitionen sind Urteile, die auf Faustregeln basieren und

- die unvermittelt im Bewusstsein auftauchen
- deren tieferen Gründe uns nicht ganz bewusst sind,
- die stark genug sind, um danach zu handeln (Gigerenzer 2014, S. 46)

Sie bewähren sich in Stuationen, in denen weder Wissen noch Zeit für Analysen zur Verfügung steht. Genau das ist ein Symptom unserer Tage. Der Wert einer Intuition erweist sich im Kontext ihrer Nutzung, durch ihre *ökologische Rationalität* (Gigerenzer 2008, S. 58). Wer sich stets auf sein Bauchgefühl verlässt, liegt deshalb mitunter falsch (Kahnemann 2012, S. 45). Für Gigerenzer bedeutet gute Führung, zu wissen, wo intuitive Entscheidungen angebracht sind. Eine Faustregel ist z. B. *Stelle gute Leute ein und lasse sie ihre Arbeit machen* (Gigerenzer 2014, S. 158, 168). Vorwissen und Erfahrung einer Person sind für den Wert ihrer Eingebung von entscheidender Bedeutung. Simon zitiert Pasteur mit dem Hinweis, dass *nur ein vorbereiteter Verstand inspiriert werden kann* (Simon 1993, S. 37). Wie bei substanzerhaltender Vereinfachung ist also auch hier gedankliche Vorarbeit nötig.

Obwohl etwa die Hälfte der wichtigen Entscheidungen in börsennotierten Unternehmen auf Intuition basieren, haben diese in einer Welt der Zahlen, Fakten und logischen Schlüsse keinen guten Ruf. Intuitive Entscheidungen werden deshalb oft „rationalisiert". Schlimmer jedoch ist, wenn aus Gründen des Selbstschutzes rationale, aber zweitklassige Entscheidungen getroffen werden (Gigerenzer 2014, S. 152, 153). Ich fragte Prof. Gigerenzer, wann Intuitionen frei genutzt werden. Führungskräfte verlassen sich umso mehr auf Intuitionen (und bekennen sich auch dazu), je besser ihre Interessen mit denen der Organisation übereinstimmen. Hier spielt offenbar das Gefühl der Sicherheit eine wichtige Rolle, denn er fährt fort: „Für eine Bauchentscheidung muss man selbst die Verantwortung übernehmen". Im *essential* „Hausaufgaben für Gewinner" beschreibe ich die Messung der gegenseitigen Interessenlage, die Ausdruck von Wertehierarchien ist. Übereinstimmende Werte sind nach einer Studie von Korn Ferry ausschlaggebend für den Verbleib junger Führungskräfte im Unternehmen (Korn Ferry 2015). Ergänzt man die beschriebenen Werkzeuge durch Interaktionsmuster, Grundüberzeugungen und die persönliche Wertehierarchie, erhält man die Pyramide in Abb. 5.1.

Der oberen Teil enthält Werkzeuge des Bewussten, mit Faktenwissen, Deduktion und Induktion, Logik des Möglichen, Integration von Gegensätzen und

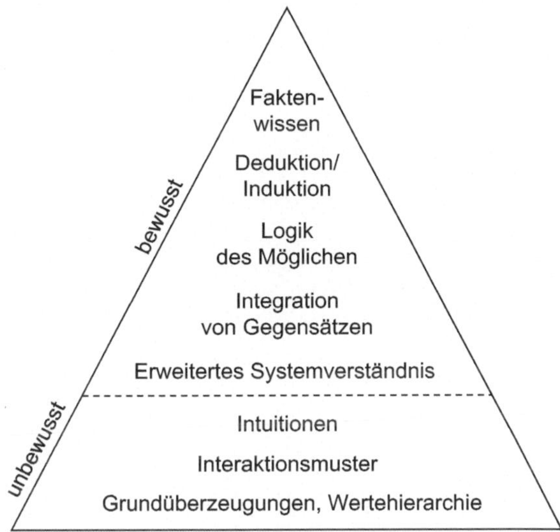

Abb. 5.1 Pyramide kognitiver Werkzeuge

erweitertes Systemverständnis. Darunter die Werkzeuge des Unbewussten, das uns viel direkter steuert als das Bewusste, das Kahnemann als *lazy system* bezeichnet (Kahnemann 2012). Sinnvoll kombiniert, erweitern die Werkzeuge Horizonte und Handlungsspielräume. Denkblockaden können damit gelöst bzw. verhindert werden.

Was ungünstige Merkmale der Pyramide anrichten können, hat Johannes Rüegg-Stürm, Direktor des Instituts für Systemisches Management und Public Governance an der Universität St. Gallen, auf einer Konferenz plastisch beschrieben: „In einem mikropolitisch versauten Klima entsteht keine belastbare Kollegialität, die für die Herausbildung effektiver Reflexionsplattformen benötigt wird". Lassen wir uns von besseren Zuständen inspirieren.

6 Blick auf die Mikroebene

Die Auswahl der Unternehmen, in denen ich Gespräche führte, ist weder repräsentativ noch zufällig. Die Gespräche waren nicht Teil einer wissenschaftlichen Studie, sondern dienten der Erstellung einer Skizze mit Firmen, die ich für zukunftsfähig halte, weil sie die in Abschn. 1.2 genannten Funktionsprinzipien anwenden. Ich sprach mit Führungskräften und „Wissensarbeitern", deren Ansicht und Kontext mir berichtenswert erschienen. Ihre Organisationen unterscheiden sich nach Größe und verfolgen ganz unterschiedliche Zwecke.

Wir erfassten Merkmale, die innere Blockaden vermeiden bzw. lösen und zudem vergleichbar sind: Orientierungsgrößen, Interaktionsroutinen, Dialogkultur, Führungspraktiken, Haltung zu sozio-kultureller Vielfalt, Innovationstreiber. Auch wahrgenommene Blockaden und Ratschläge für die eigene Organisation wurden thematisiert. Wir begannen mit der Flow-Frage. Flow ist ein Zustand höchster Vertiefung und Konzentration, der uns Raum und Zeit vergessen lässt und als beglückend erlebt wird, weil anspruchsvolle Aufgaben in einer Art Schaffensrausch effizient gelöst werden. Für den Glücksforscher Mihaly Csikszentmihalyi ist dieser Zustand eine optimale, persönliche Erfahrung (Csíkszentmihályi 2000). Kahnemann nennt sie *effortless concentration* (Kahnemann 2012, S. 40). Das ist eher das Gegenteil einer Blockade.

6.1 Keiner leidet Not

OPED ist ein Medizintechnik-Hersteller mit aktuell 350 Beschäftigten und Sitz in Valley, nahe München. Das Sortiment umfasst Orthesen für die Bereiche Fuß, Hand, Knie und Schulter inkl. Zubehör, sowie Produkte zur Wundversorgung und Verbesserung der Durchblutung. Mit diesen Produkten sowie mit Therapiekonzepten zur Begleitung von Patienten bis zur vollständigen Genesung beliefert die

P. Kinne, *Blockadefreie Unternehmen*, essentials,
DOI 10.1007/978-3-658-18536-7_6

Firma chirurgische Abteilungen von Krankenhäusern. OPED steht nicht nur für neue Impulse in der Medizintechnik, sondern auch für persönliche Betreuung seiner Kunden. Die Firma konnte in den letzten fünf Jahren ihren Umsatz um 70 % steigern.

Stefan Zimmermann ist Leiter Personal & Organisation. Als Mitglied der Geschäftsleitung verantwortet er die Transformation bei OPED, bei der es vor allem um die Optimierung der Kooperation und passende Rahmenbedingungen zur Umsetzung der Unternehmensstrategie geht. Seine Flowerfahrung hat er in einem Prozess gemacht, an dem das „Montageteam", der Bereichsverantwortliche, die Geschäftsleiter Montage, Produktion, Logistik und ein externer Berater beteiligt waren. Es ging um die Implementierung von Lean Management in Montage & Logistik. Nach gemeinsamer Zieldefinition schlüpften auch Mitarbeiterinnen und Mitarbeiter in die Beraterrolle und entwickelten ein Lösungskonzept, das anschließend umgesetzt wurde. Die Stimmung im Team war während dieser Zeit trotz Mehrbelastung deutlich besser als in der Zeit davor. Das Ergebnis wurde gemeinsam gebührend gefeiert.

Bei OPED unterschiedet man Infomeetings und konsultatorische Meetings zur Erzeugung einer soliden Wissensbasis für wichtige Entscheidungen. Dazu wird bereichsübergreifend eingeladen. Es sind „Meetings mit Methode", mit Pflicht zum Dialog: jeder soll sich zur Aussage des Vorredners äußern. Es gilt das Radar-Prinzip, eine zirkuläre, geordnete Reihenfolge der Beiträge, entwickelt von Zimmermann mit Fach- und Führungskräften unterschiedlicher Unternehmensbereiche. Die konsequente Anwendung dieses Prinzips ist jedoch in einer Kultur, die aufgrund der hohen Mitarbeiterbindung recht familiär ist, nicht immer einfach.

Solche Standards sind im Handbuch für Führung und Zusammenarbeit dokumentiert. Es enthält z. B. die Kapitel *Vision, Werte* (zu uns, zu Kunden, zur Umwelt und zu Produkten) und *Grundlagen der Unternehmenskultur.* Thematisiert werden Faktoren wie Leistungsorientierung, Wertschätzung, Weiterentwicklung mit den Kunden, aber auch *Keiner leidet Not,* ein Anspruch, der den familiären Charakter der Firma unterstreicht.

Teams bestehen bei OPED aus fachlich Zuständigen und einer Person mit fachlicher Distanz zum Thema, der es oft leichter fällt, den Unterschied zwischen Soll und Ist zu erkennen. Zur Dialogkultur bemerkt Stefan Zimmermann zunächst, dass viel miteinander geredet wird. Auch Auszubildende können zu einem Ideen-Meeting mit Mitgliedern der Geschäftsleitung einladen – es wird stattfinden. Dialoge auf Augenhöhe und Großraumbüros sind Fundamente der Kommunikation. Kulturbedingt spielen Beziehungen eine große Rolle. Mitunter vermisst Stefan Zimmermann die Sachebene, auf der individuelle Standpunkte noch klarer würden.

Von Teamleitern wird bei OPED *Persönlich Präsente Begleitung* (PPB) der Teammitglieder erwartet, verbunden mit der Verpflichtung, einmal monatlich ein Mitarbeitergespräch zu führen. Es basiert auf Leitfragen zu Aufgaben und Anforderungen, zur Zielerreichung, Arbeitsqualität und persönlichen Kompetenz, zu Arbeitsbedingungen und der Zusammenarbeit. Vorgesetzte werden hier zum Coach. Auch Zielvereinbarungen werden miteinander ausgehandelt. Abgesehen von PPB soll die Führungskraft ihren Bereich strategiekonform organisieren, Empathie gegenüber Mitarbeiterinnen und Mitarbeitern zeigen, Entscheidungen mitteilen und begründen. Sie soll Lust auf Gestaltung zeigen, zu Selbstreflexion und -steuerung fähig sein sowie Neugier auf Neues und Stehvermögen besitzen. Im Rahmen der *Potenzialorientierten Mitarbeiterführung* wird einmal jährlich ein Potenzialgespräch geführt, mit Selbst- und Fremdeinschätzung entlang der jeweiligen Anforderungen. Potenzialgespräche werden von Beschäftigten mitunter auch häufiger gewünscht.

Aufgrund ihres guten Arbeitgeberimages konnte OPED in der Vergangenheit geeignete Mitarbeiter in der Region gewinnen und hat wenig Erfahrungen mit sozio-kultureller Vielfalt. Die Belegschaft ist sozio-kulturell eher homogen. Der Anteil von Frauen in Führung beträgt jedoch ca. 32 %. Als Innovationstreiber sieht Stefan Zimmermann eine Gruppe von 15–20 Personen unterschiedlicher Fachbereiche und Hierarchieebenen. Sie nutzen Freiräume, um Neues auszuprobieren. Blockaden gäbe es nicht, wenn Agilität und Stabilität leichter integrierbar wären. Daran wird jedoch gearbeitet. Als Berater würde er der Firma empfehlen, permanent über den eigenen Tellerrand zu schauen und Digitalisierung als Chance zu sehen, um hier den Zug nicht zu verpassen. Digitale Innovation müsse jedoch immer mit einem Businesskonzept verknüpft sein, bei dem Kundenbindung fester Bestandteil ist.

6.2 Diskurs statt Law and Order

Die Infineon Technologies AG ist ein weltweit führender Anbieter von Halbleiterlösungen, die das Leben einfacher, sicherer und umweltfreundlicher machen. Chips von Infineon sind Wegbereiter für die Digitalisierung. Sie ermöglichen die effiziente Erzeugung von Energie aus Sonnen- und Windkraft sowie die nahezu verlustfreie Übertragung von Strom, senken den Stromverbrauch von Elektrogeräten und vereinfachen deren Bedienung. In der Automobilelektronik senken die Chips den Kraftstoffverbrauch und Schadstoffausstoß, ermöglichen intelligente Fahrerassistenzsysteme und sichern die Datenströme im vernetzten

Auto. In Bankkarten oder Personalausweisen schützen sie persönliche Informationen der Nutzer und sichern den Datenaustausch über das Internet. Mit mehr als 36.000 Beschäftigten an weltweit 177 Standorten erzielte das Unternehmen im Geschäftsjahr 2016 einen Umsatz von rund 6,5 Mrd. EUR, und damit ein Umsatzplus von 67 % in fünf Jahren. Die Unternehmenszentrale befindet sich in Neubiberg bei München. 2017 belegt Infineon im Wettbewerb *Deutschlands beste Arbeitgeber,* durchgeführt vom internationalen Forschungs- und Beratungsnetzwerk Great Place to Work, den Spitzenplatz in seiner Kategorie.

Dr. Angelika Geiselbrechtinger ist Teamleiterin im Bereich Design und Messtechnik für Chipsets. Diese werden beispielsweise zusammen mit Google für die Bedienung von Geräten mit Hilfe von Gesten statt Schaltknöpfen (Stichwort „gesture sensing") entwickelt. Auf meine Flow-Frage hin beschreibt sie nach kurzem Überlegen einen Prozess, bei dem die Lösung für eine anspruchsvolle, neue Produktanforderung erarbeitet wird. In ihr formt sich allmählich das Bild von einer innovativen Lösung, die dann im Team weiterentwickelt, als „Versuchsballon" auf Kongressen vorgestellt wird, auf Interesse beim Fachpublikum stößt und daraufhin intern weiterverfolgt wird. Wenngleich solche Idealprozesse selbst bei Infineon nicht an der Tagesordnung sind, kommen Sie immer wieder vor. Ihr Nutzen ist besonders hoch, wenn starke Partner wie beispielsweise Google oder namhafte Automobilhersteller mit an Bord sind.

Die Arbeit bei Infineon basiert auf drei Orientierungsgrößen: 1) Teamarbeit, 2) Durch Innovation Werte schaffen (und damit Geld verdienen), und 3) Das Leben leichter und besser machen. Diese Orientierungsgrößen prägen die Innovationstreiber von Infineon: Leidenschaft für profitable, technische Neuerungen, verbunden mit der Motivation, die Welt ein Stück weit besser zu machen, z. B. durch saubere und sichere Energiegewinnung und -nutzung.

Entwicklungsprozesse werden meist vom technischen Marketing initiiert, dem Bereich mit der größten Nähe zum Nutzer einer Lösung, dessen Bedürfnissen und Wünschen. Entwicklungsteams sind interdisziplinär besetzt, mit Vertretern der Bereiche Marketing, technische Entwicklung, Qualitätsmanagement, aber auch Controlling, denn jedes Projekt soll sich rechnen. Dr. Geiselbrechtinger schätzt diese Art der Kooperation, mit kurzen Wegen, schnellen Entscheidungen und wertvollem Input der Kolleginnen und Kollegen auch außerhalb der Meetings. Die Arbeitsbeziehungen im Team bestehen teilweise seit längerem, was die Vertrautheit stärkt und die Arbeitsproduktivität verbessert. Wie gut das Miteinander funktioniert, hängt jedoch auch von der Persönlichkeit des oder der Betreffenden ab. Abgesehen von der interdisziplinären Standardbesetzung werden Teams nach Verfügbarkeit der Personen zusammengestellt. Meist gibt es Wunschkandidaten, nach deren Expertise und Erfahrungen in der Zusammenarbeit.

Befragt nach der Dialogkultur bei Infineon, beklagt Dr. Geiselbrechtinger spontan die Flut von Emails. Die persönliche Kommunikation sollte aus ihrer Sicht intensiviert werden. Davon abgesehen betont sie jedoch, dass auch Personen, die ihren Standpunkt beherzt vertreten, durch Argumente überzeugt werden können: es zählt das bessere Argument. Konsens entsteht auf der Basis sachlicher Diskurse, nicht erzwungenermaßen, wie beim „Law-and-order-Prinzip".

Zur Rolle der Teamleiterin gehört für sie, daran interessiert zu sein, wer die Menschen in ihrem Team sind, sie nach ihren Stärken und Neigungen einzusetzen, ihr Fortkommen zu unterstützen und auch ihre private Situation zu berücksichtigen (Stichwort Vereinbarkeit von Beruf und Familie, hierzu bietet Infineon diverse Angebote wie beispielsweise Teilzeit, Homeoffice, Sabbatical, etc.). Dieses Führungsverständnis findet auch außerhalb ihres Teams Beachtung. Kollegen und Vorgesetzte fragen sie, warum Projekte so laufen, wie sie laufen (ich interpretiere das so, dass im Unternehmen Interesse an guten Beispielen besteht, um daran zu lernen.). In jährlichen Mitarbeitergesprächen erörtern Vorgesetzte mit ihren Mitarbeiterinnen und Mitarbeitern die Ereignisse und Ergebnisse des letzten Jahres, vereinbaren Ziele für das Folgejahr und diskutieren weitere Perspektiven.

Diversity ist bei Infineon zur Normalität geworden, allein am Standort München sind mehr als 50 Nationen vertreten. Man denkt darüber nicht nach, sondern ist neugierig aufeinander. Dr. Geiselbrechtinger wünscht sich jedoch nicht nur mehr Frauen in Führungspositionen, sondern ein insgesamt „bunteres" Managementteam. Das ist offenbar eine Frage der Verfügbarkeit. „Harte Blockaden" nimmt sie im Unternehmen nicht wahr. Es kann natürlich passieren, dass Menschen zur falschen Zeit am falschen Ort sind und Potenziale deshalb ungenutzt bleiben. Aus der Perspektive einer externen Beraterin würde sie die Firma ermuntern, auch weiterhin den strategischen Fokus auf nachhaltige Themen zu legen, um also Produkte zu entwickeln, die den Energiebedarf senken, sichere neue Mobilitäts- und Kommunikationskonzepte ermöglichen etc.

6.3 Kybernetik im Forschungs-Verbund

Das Cybernetics Lab IMA/ZLW & IfU ist ein interdisziplinärer Verbund der RWTH Aachen University, und durch den Lehrstuhl für Informationsmanagement im Maschinenbau (IMA) an der Fakultät für Maschinenwesen beheimatet. Am IMA werden Methoden der Informatik zur Informationsverarbeitung angewendet. Das Zentrum für Lern- und Wissensmanagement (ZLW) befasst sich mit Innovations-, Organisations-, Lern- und Wissensmanagement, und das An-Institut für Unternehmenskybernetik e. V. (IfU) entwickelt und verwendet Methoden und

Werkzeuge der Wirtschafts-, Sozial- und technischen Kybernetik. Das Cybernetics Lab entwickelt ganzheitliche Lösungen unter Einbeziehung der Ebenen Mensch, Organisation und Technik für Themenbereiche wie Industrie 4.0, künstliche Intelligenz, mobile und autonome Robotik sowie Big Data. Forschungs- und Industriepartner sind Organisationen aus verschiedenen Branchen und Forschungseinrichtungen. Im Cybernetics-Lab arbeiten derzeit 80 Beschäftigte und 90 Studierende.

Jan Bitter ist Master of Science im Studienfach Wirtschaftsingenieurwesen mit Schwerpunkt Maschinenbau sowie Doktorand am Cybernetics Lab. Er beschreibt zwei unterschiedliche Flow-Zustände. Einen bei der Arbeit an einem wissenschaftlichen Artikel, der im Konferenzband des World Congress on Sustainable Technologies (WCST) veröffentlicht wurde. Man hatte ihn um ein Extended Paper gebeten, das er dann in vertiefter Einzelarbeit innerhalb von wenigen Stunden erstellte. Den anderen erlebte er bei der Zusammenarbeit mit Kollegen seiner Forschungsgruppe zu einem Projektantrag. In einem interdisziplinären Setting wurden Ideen ausgetauscht und zu einem Konzept verschmolzen, auf dem dann der Antrag basierte.

Im Institut gelten Regeln des Umgangs miteinander, die in Workshops und bei anderen Gelegenheiten wie Teamsitzungen etc. kommuniziert werden. Sie beziehen sich z. B. auf die Feedback-Kultur: Jeder Beitrag ist wertvoll. Man begegnet dem anderen mit Respekt, hört ihm oder ihr zu, und prüft den Hinweis auf der sachlichen Ebene, ohne Ansehen der Position. In hitzigen, leidenschaftlich geführten Diskursen geht dieser Grundsatz zuweilen unter: Wenn „Schilde zur Verteidigung" hochgefahren werden, ist der kollektive Lernprozess unterbrochen. Dessen ist man sich allerdings bewusst und steuert aktiv dagegen. Für Veröffentlichungen, Projektanträge etc. gibt es geregelte Korrekturschleifen: Wissenschaftliche Beiträge werden zunächst vom Leiter der Forschungsgruppe beurteilt, dann vom Geschäftsführer des Instituts, und schließlich von der Direktorin des Cybernetics Labs, Univ.-Prof. Dr. rer. nat. Sabina Jeschke. Weitere Routinen sind die Arbeit in interdisziplinären Gruppen von 2 bis 3 Personen und die Suche nach Synergien mit anderen Forschungsgruppen.

Die Dialogkultur erlebt Herr Bitter als hierarchieübergreifend offen, wenngleich bestimmte Informationen die „unteren Ebenen" z. T. verspätet erreichen (vor allem solche zu strategischen Themen). In wöchentlichen Stand-up-Meetings informiert man sich darüber, was jeweils gemacht wurde und was ansteht, ergänzt durch Informationen aus der Direktion des Forschungslabs. Teams bilden sich nach Expertise, Erfahrungen in der Zusammenarbeit und natürlich auch nach Sympathie. Gegensätze wie *strukturiert versus chaotisch* sind willkommen, weil sie das Miteinander lebendiger machen und oft zu besseren Lösungen führen.

Von Teamleiterinnen und Teamleitern erwartet man Organisationstalent, Führungserfahrung, sowie strukturiertes Denken und Handeln. Im Cybernetics Lab werden neben der fortlaufenden Kommunikation einmal jährlich ca. einstündige Mitarbeitergespräche zwischen Vorgesetzen und deren Mitarbeiterinnen und Mitarbeitern geführt. Themen sind Rückblick auf das vergangene Jahr sowie persönliche/berufliche Ziele bezüglich Projekten, Weiterbildung, Veröffentlichungen, Dissertation etc.

Sozio-kulturelle Vielfalt wird begrüßt, weil sie den interdisziplinären Charakter der Zusammenarbeit durch interkulturelle Elemente ergänzt. Im Lab sind verschiedene Nationen vertreten, der Anteil muslimischer Kolleginnen und Kollegen und solcher aus Indien und China ist hoch. Ausdrücklich erwünscht sind auch Bewerbungen um Promotionen aus dem Ausland. Ausländische Stipendiaten haben die Möglichkeit, an der insitutsinternen *International Class* teilzunehmen. Als stärksten Innovationstreiber empfindet Jan Bitter die schier unendliche Neugier, die viele Kolleginnen und Kollegen auszeichnet. Sie ist der Grund dafür, dass spontan Ideen ausgetauscht und Quellen recherchiert werden, um innovative Ansätze gemeinsam zu konkretisieren. Gewisse Blockaden sieht er im organisatorischen Rahmen, wenngleich dieser die konsequente Umsetzung definierter Strategien leichter macht. Als Berater würde er dem Cybernetics Lab empfehlen, am Puls der Zeit zu bleiben, sich neuen Herausforderungen zu stellen und den Fokus auf aussichtsreichen Kernfeldern zu halten.

6.4 Balance als Stabilisator

Das Düsseldorfer Schauspielhaus ist eines der großen Häuser im deutschsprachigen Theaterraum. Es wird hälftig vom Land NRW und der Stadt Düsseldorf getragen, verfügt über einen Etat von ca. 25 Mio. EUR, beschäftigt ca. 350 Mitarbeiter und erreicht um die 200.000 Zuschauer pro Jahr. Es ist ein künstlerischer, öffentlicher Reflexionsraum zum Nachdenken und Nachfühlen für alle Generationen, Schichten und Communities. Der Spielplan umfaßt den klassischen Kanon der Theaterliteratur, ebenso wie Ur- und Erstaufführungen neuer Texte, themenbezogene Projekte und partizipative Formate. Unter dem Dach des Schauspielhauses befindet sich auch ein hochagiles Junges Schauspiel, eine neu gegründete Bürgerbühne und das „Cafe Eden“, ein Begegnungsort für Geflüchtete und Düsseldorfer Bürger.

Mein Gesprächspartner ist Wilfried Schulz, Generalintendant des Düsseldorfer Schauspielhauses. Gefragt nach einem Flowerlebnis schildert er eine Situation, bei der ihm ein aktuelles Thema durch den Kopf ging. In dem Moment betritt der

Chefdramaturg sein Büro und teil ihm mit, ihm sei ein Roman zu just dem Thema zur Inszenierung angeboten worden. Man einigt sich darauf, eine Inszenierung anzustreben. Der Verlag teilt auf Anfrage mit, das Schauspielhaus bekäme die Rechte, wenn ein namhafter Regisseur gefunden würde. Der Wunschregisseur wird gefragt und bekundet Interesse. Es wird ein Sponsor gefunden, der Bühnenbildner hat eine außergewöhnliche Idee. Man bespricht mit dem Regisseur die Traumbesetzung, die Schauspieler sind motiviert – das Projekt kann starten (Schulz lacht, denn so ideal läuft es selten …).

Im Düsseldorfer Schauspielhaus werden in einer Spielzeit etwa 30 Stücke inszeniert, was ständiges Einbringen von Ideen erfordert. Sie entstehen in den Köpfen Einzelner und werden in der Umsetzungsphase aus so unterschiedlichen Perspektiven wie Technik, Finanzierbarkeit oder Disposition ergänzt. Kreativität – dazu gehört auch Hinwegsetzen über Bedenken – ist in frühen Phasen höchstes Gebot. Herr Schulz zitiert Walter Benjamin mit dem Satz „Die Inszenierung ist die Totenmaske der Konzeption", die Bedeutung des Ausgangspunktes künstlerisch-betrieblicher Findung hervorhebend. Die Subjektivität des Gegenstandes prägt viele Strukturen, denn bei aller notwendigen Akkuratesse muss ein Funken der Lust und der Geist künstlerischen Schaffens erkennbar sein.

Ganz unterschiedliche Berufsgruppen sind gleichwertige Teile des Ganzen: Künstler, Geisteswissenschaftler, Handwerker, Techniker, Betriebswirte, Assistenten. Jede Gruppe kann „den Laden blockieren". Der erweiterte Leitungskreis besteht aus 15 Personen und trifft sich wöchentlich. Man begegnet sich auf Augenhöhe; jeder trägt zum Gelingen bei. Durchgecoachte Prozesse gibt es nicht – man ist angewiesen auf Kreativität, Leidenschaft und fachliches Können, aber auch freundschaftliche Verbundenheit und nicht zuletzt gute Laune. Teams werden nach Erfahrung, Affinität zum Thema und persönlicher Verbundenheit besetzt. Wichtig sind zudem analytische Fähigkeiten und Empathie, z. B. gegenüber Schauspielern und Zuschauern.

Von Führungskräften wird Motivation, Belastbarkeit und Flexibilität erwartet, aber auch Übersicht und Vermittlungstalent, weil oft gegensätzliche Anforderungen in Einklang gebracht werden müssen, wie *künstlerischer Anspruch versus Sicherheit.* Auch andere Gegensätze sind zu bewältigen, z. B. *Einnahmen aus Ticketverkäufen versus künstlerische Qualität* oder *Zufriedenheit der Mitarbeiter und Künstler versus Meinung des Publikums.* Das Urteil von Kritikern, Juroren und Kuratoren steht mitunter im Gegensatz zu dem, was man intern für richtig hält. Dass solche Gegensätze ausbalanciert werden müssen, sieht Wilfried Schulz als „stabilisierendes Element" – es bewahrt das Haus vor Einseitigkeit. Im Übrigen ist der „Zweck Kunst" nicht normierbar. Ohne Primat und Schutz der künstlerischen Freiheit, ohne die „Anarchie der Kunst", einem Korrektiv einer ökonomisierten Gesellschaft, kann kein Theater gesellschaftlich sinnvoll und letzlich erfolgreich betrieben werden.

Bezüglich der sozio-kulturellen Vielfalt im Haus erwartet Wilfried Schulz eine Entwicklung wie im Querschnitt der Gesellschaft. Da im künstlerischen Kernbereich die Sprache von zentraler Bedeutung ist, stieß sozio-kulturelle Vielfalt hier oft an Grenzen, die sich jedoch langsam aufzulösen beginnen. Die Zuschauer sind diesbezüglich offen, und generell wird Integration als Aufgabe betrachtet. Die stärksten Innovationstreiber sind die Künstler: Schauspieler, Regisseure, Bühnenbildner, Kostümbildner, Musiker, Choreografen und Autoren. Innovation ist für Wilfried Schulz das Ergebnis gelungener Konfrontation mit kreativen Ideen.

Für gänzlich blockadefrei hält er das Düsseldorfer Schauspielhaus jedoch nicht. Die Vielzahl der Tarifverträge mit unterschiedlichen Arbeitszeitregelungen lässt es z. B. oft nicht zu, dass alle an einer Inszenierung beteiligten Gruppen im gleichen Rhythmus zusammen probieren können. Das Theater beschäftigt Angehörige des öffentlichen Dienstes, in dem Manches überreguliert ist. Die Möglichkeit zu experimentieren ist zwar offen, aber nicht beliebig. Als Berater würde Wilfried Schulz dem Schauspielhaus empfehlen, eine starke Identität zu entwickeln, durch Öffnung und Transparenz auf zunehmende Diversität zu reagieren und die alters- und sozialbedingte Vielfalt der Gesellschaft adäquat abzubilden. Theatern, ja der Kunst überhaupt stellt sich in einer auseinanderdriftenden Gesellschaft zunehmend die Frage nach ihrem gesellschaftlichen Nutzen. Vielleicht ist es der Ort, an dem man lernt, Differenz zu ertragen und mit ihr umzugehen.

6.5 Männerwelt war gestern

Dr. Lambert Pechan ist Partner der Düsseldorfer Rechtsanwaltskanzlei Weber Sauberschwarz, die als sog. IP-Boutique auf die Bereiche Wettbewerbsrecht, Marken-, Design- und Patentrecht sowie IT- Recht spezialisiert ist. In diesen Bereichen vertritt die Kanzlei, in der 8 Anwälte und insgesamt 20 Beschäftigte arbeiten, Industrie-und Handelskonzerne sowie mittelständische Unternehmen. Neben der Beratung werden die Mandanten auch in der Prozessführung bis hin zum Bundesgerichtshof oder zum Europäischen Gerichtshof begleitet.

Auf die Flow-Frage hin schildert Dr. Pechan die Vorbereitung eines Mandats zur Beratung oder gerichtlichen Vertretung. Generell erfordern Mandate nicht nur eine juristische Aufarbeitung, sondern auch eine wirtschaftliche Beurteilung. Das Mandat, an das er hier denkt, war sehr komplex, weil neben Sachbearbeitern aus der Kanzlei ein weiterer Partner mit besonderer fachlicher Nähe zu den speziellen designrechtlichen Fragen und auf Mandantenseite Kaufleute, Techniker, Designer und Marketingexperten beteiligt waren. In interdisziplinärer Kooperation werden die Argumente für die Beratung oder eine Klage vor Gericht formuliert.

Der Gewinn eines Verfahrens oder die Klärung der Rechtslage sind perfekt messbare Qualitätsmerkmale. Entscheidend ist jedoch die Zufriedenheit des Mandanten, die mitunter auf schöne Weise gezeigt wird. So stellte z. B. bei einem Betriebsfest einer US-amerikanischen Firma deren Geschäftsführer nach 10-jähriger enger Zusammenarbeit die Kanzlei als weltweit einzigen juristischen Partner vor, mit dem die Firma noch nie ein Verfahren verloren hat.

Wenngleich explizite Standards für die Teamarbeit nicht existieren, wird allgemein Wert auf Flexibilität gelegt. Im persönlichen Gespräch können Dinge schnell geklärt werden. Definiertes Ziel und Teil des Nutzenversprechens bei Weber Sauberschwarz ist, den Mandanten nicht nur das know how eines einzelnen Anwalts, sondern das gesamte Wissen der Kanzlei verfügbar zu machen. Dazu muss das Wissen der Anwältinnen und Anwälte untereinander offengelegt und der Zugriff darauf sowie die Weiterleitung an die Mandanten sichergestellt werden. Hier will man sich so eng wie möglich an den Wünschen und Standards der Mandanten orientieren, die sich teilweise deutlich voneinander unterscheiden. Dazu müssen immer häufiger neue Wege jenseits des üblichen Email-Verkehrs beschritten werden, um z. B. innerhalb eines Datenraumes zu kommunizieren. Die Umsetzung ist eine ständige Herausforderung für alle. Sie ist nur durch intensive, persönliche Gespräche zu bewältigen, die nicht selten sogar in der Teeküche geführt werden. Während intern im Bereich Kommunikation die Partner Vorbild sein müssen, geht es extern vor allem um Flexibilität in der IT.

Neue Berufsträger oder Sachbearbeiter werden nach Zeugnissen, Berufserfahrungen und Weiterbildungen beurteilt und rekrutiert, wobei das Bauchgefühl eine wichtige Rolle spielt. Es ist jedoch schwierig, Problemlösungskompetenz, Empathie und Engagement im Voraus zu beurteilen. Mit Hinblick auf die Dialogkultur ist man sich einig, dass Botschaften eindeutig, ehrlich und vollständig sein müssen. Auch unangenehme Wahrheiten müssen ausgesprochen werden. Zu den besonderen Stärken der Kanzlei gehört, dass es den Partnern trotz zuweilen unterschiedlicher Standpunkte gelingt, eine gemeinschaftliche Sicht auf ein Thema zu entwickeln. Man ist bereit, abweichende Positionen zu verstehen und mit der eigenen Position zu integrieren.

Diversity ist bei Weber Sauberschwarz kein „heißes" Thema, weil sie im Anwaltsbereich, anders als z. B. bei Ärzten, traditionell noch unterentwickelt ist. Die in deutschen Anwaltskanzleien traditionsreiche Männerwelt hat man allerdings längst hinter sich gelassen: Die Hälfte der Anwälte sind Frauen. Den stärksten Innovationstreiber sieht Dr. Pechan in der Bereitschaft, sich neuen Themen zu widmen, was Engagement und Neugier voraussetzt. Auch diese Eigenschaften sind erklärter Anspruch der Kanzlei, weil Marken-, Design- und Patentschutz von Innovationen getrieben werden. Auch die rechtliche Beratung muss deshalb innovativ sein. Die Anwälte müssen wissen, mit welchen Technologien, Vertriebsstrategien oder Modetrends sich ihre Mandanten beschäftigen und was der Wettbewerb macht. Der Besuch von Fachmessen gehört deshalb zum Pflichtprogramm. Als blockadefrei empfindet Dr. Pechan die Kanzlei dennoch nicht, weil Menschen gerne am Bewährten festhalten. Er möchte deshalb die Fähigkeit, bislang Erfolgreiches für die Zukunft zu hinterfragen, institutionalisieren. Beschäftigte sollen motiviert werden, Vertrautes zu überwinden und sich neuen Themen und Wegen zu öffnen. Als Berater würde er der Kanzlei empfehlen, in drei Dingen niemals nachzulassen: 1) Eng bei den Themen der Mandanten bleiben, 2) Höchste juristische Qualität anstreben, 3) Die Effektivität und Effizienz der Abläufe permanent optimieren.

6.6 Leitfaden im Pocketformat

Die Gelsenwasser AG mit Sitz in Gelsenkirchen wurde 1887 gegründet, um die Montanindustrie und die Menschen im Ruhrgebiet mit Wasser zu versorgen. Heute ist die AG eines der größten deutschen Wasserversorgungsunternehmen. Weitere Schwerpunkte sind Abwasserentsorgung, Energieversorgung – insbesondere Erdgas und Strom – sowie Dienstleistungen rund um Wasser und Energie. Kunden sind Haushalte und Kommunen, Versorgungs- und Industrieunternehmen. In mehr als 70 Städten und Gemeinden ist Gelsenwasser in der Wasser- und Energieversorgung sowie in der Abwasserentsorgung tätig. Rund 30 Versorgungsunternehmen erhalten zudem Trinkwasser oder Erdgas für ihre Kunden. Der Umsatz betrug 2016 knapp über 1 Mrd. EUR. Die Gelsenwasser AG gehört zu knapp 93 % der Wasser und Gas Westfalen GmbH & Co. Holding KG, einem Gemeinschaftsunternehmen der Dortmunder Stadtwerke AG und der Stadtwerke Bochum GmbH. Weitere Anteile liegen bei Kommunen und in Privatbesitz. Die Aktie ist börsennotiert.

Meine Gesprächspartner sind Dr. Joachim Basler, Bereichsleiter Personal und Kaufmännisches (Personal, Finanzen, Controlling und Materialwirtschaft) und Anika König, als Personalleiterin verantwortlich für personalwirtschaftliche Aufgaben und Personalmarketing. Die Flow-Frage richte ich an beide. Anika König schildert eine Situation, in der sie mit Kolleginnen und Kollegen aus den Bereichen Organisation, Personal und Kommunikation ein Intranet-Konzept für den Arbeitsplatz entwickelt hat. Dr. Basler erinnert sich an eine schwierige Sitzung in einem Aufsichtsrat, in der es gelang, gegensätzliche Interessen der Mitglieder miteinander in Einklang zu bringen.

Für das Miteinander bei Gelsenwasser gilt der „Kodex Blau-Grün“ – ein bewusst knapp gehaltener Leitfaden im Pocket-Format. Themen sind 1) Information und Kommunikation, 2) Gemeinsame Ziele entwickeln und verfolgen, 3) Förderung der Mitarbeiter und 4) Führung. Zu den 15 Grundsätzen gehören *Miteinander statt übereinander reden, Dialoge statt Monologe, Ideen Raum geben* und *Offen für Kritik*. Die Grundsätze werden im täglichen Miteinander oft zitiert, jeder kann sein persönliches Verhalten davon ableiten. Im Unternehmen wird möglichst nur Wesentliches festgelegt. Das schafft Freiheitsgrade, die jedoch auf einem gemeinschaftlich getragenen Anspruch basieren. Der Kodex wurde von einem Organisationspsychologen in Zusammenarbeit mit Beschäftigten des kaufmännischen und technischen Bereiches entwickelt. Dass die damit verbundenen Erwartungen offenbar erfüllt werden, zeigen die positiven Ergebnisse von Mitarbeiterbefragungen, die nach Great Place to Work-Standard im Abstand von 3–4 Jahren durchgeführt werden (Gelsenwasser wird sich 2018 wieder am Wettbewerb *Deutschlands beste Arbeitgeber* beteiligen). Ergebnisse und geplante Maßnahmen werden in der Belegschaft kommuniziert. Auf der jährlichen, großen Betriebsversammlung, die von 80–90 % der verfügbaren Beschäftigen besucht wird, ist der Kodex ebenfalls Thema.

Für Teamarbeit gibt es einen Projektbaukasten, mit Formatvorlagen für professionelles Projektmanagement wie z. B. Präsentationen, Statusberichte und Abweichungen. Seine Nutzung ist obligatorisch bei Querschnitts- und großvolumigen Projekten sowie solchen mit hoher Priorität. Die Teambesetzung erfolgt nach Fach-, Methoden- und Sozialkompetenz sowie nach Persönlichkeit, die von der Führungskraft eingeschätzt wird. Eine Betriebsvereinbarung regelt Inhalt und Handhabung von Mitarbeitergesprächen, die jährlich geführt werden sollen. Sie sind potenzialorientiert und dienen der Verständigung über Leistungen und Perspektiven zwischen Mitarbeitern und Vorgesetzten. Führungskräfte werden nach Persönlichkeit berufen, gelegentlich unterstützt durch berufsbezogene Diagnoseverfahren wie dem „Bochumer Inventar“. Die Dialogkultur bei Gelsenwasser entspricht dem Kodex Blau-Grün und wird nach Bedarf thematisiert.

Das Unternehmen will und lebt sozio-kulturelle Vielfalt. Wenn sich z. B. jemand als transsexuell outet, achtet man auf erfolgreiche Inklusion. Dr. Basler berichtet von einem Fall aus der Hauptverwaltung. Ein Mitarbeiter entgegenete seinem Kollegen nach dessen Outing: „Das hättest Du mir ruhig eher sagen können!“ Der Anteil von Frauen in Führungspositionen beträgt 18 %, was in etwa dem Anteil aller Beschäftigten ab Ecklohn (also Facharbeitern) entspricht. Führungskräfte nehmen alle zwei Jahre an einem Seminar zum Thema „Gesund führen“ teil. Hier tauscht man sich hierarchieübergreifend zu Themen wie Führung und Kommunikation aus.

Als Innovationstreiber sieht man, neben technischen Bereichen wie Abwasser, regenerative Energien und Digitalisierung, virtuelle Kraftwerke, aber auch kontinuierliche Verbesserung in Kombination mit Ideenmanagement bzw. betrieblichem Vorschlagswesen. Hinzu kommen Flexibilität in den Köpfen und „angstfreie Zonen", deren Existenz sogar Kooperationspartner beeindruckt. Mit Hinblick auf Blockaden betonen Anika König und Dr. Basler, dass man permanent daran arbeite, „Lehmschichten" abzubauen und Fachsilos aufzulösen. Das sei zu etwa 90 % gelungen. Als Berater würden sie ihrer Firma empfehlen, die gegenseitige Verständigung zu fördern und den kulturellen Anspruch hoch zu halten.

6.7 Gewinner in der Nachbarschaft

Royal Philips ist Anbieter im Bereich der Gesundheitstechnologie. Ziel des Unternehmens mit Hauptsitz in den Niederlanden ist, Menschen gesünder zu machen, indem man sie mit geeigneten Lösungen in allen Phasen des Gesundheitskontinuums begleitet: im gesunden Leben ebenso wie in Prävention, Diagnostik, Therapie und häuslicher Pflege. Dieser integrierte Ansatz basiert auf fortschrittlichen Technologien sowie einem tiefgreifenden Verständnis der Bedürfnisse des medizinischen Fachpersonals und der Konsumenten. Philips ist führend in diagnostischer Bildgebung, bildgestützter Therapie, Patientenmonitoring, Gesundheits-IT sowie bei Gesundheitsprodukten für Verbraucher und in der häuslichen Pflege. Das Unternehmen beschäftigt etwa 71.000 Mitarbeiter in mehr als 100 Ländern und erzielte 2016 einen Umsatz von 17,4 Mrd. EUR. Mit dem *Work Place Innovation-Konzept* hat Philips in Hamburg ein ansprechendes, flexibles Arbeitsumfeld für seine Beschäftigten geschaffen. Die Konzerneinheit belegte 2016 den sechsten Platz seiner Größenklasse im Wettbewerb *Deutschlands beste Arbeitgeber* und wird 2018 erneut an diesem Wetbewerb teilnehmen.

Peter Vullinghs ist Vorsitzender der Geschäftsführung von Philips Deutschland und CEO von Philips DACH (Deutschland, Österreich, Schweiz). Zusammen mit Sebastian Lindemann, Leiter der Unternehmenskommunikation, führen wir das Gespräch in einer „Neighbourhood", einer Teamzone, in der auch der Chef einen mit kleinen Schallwänden abgetrennten, normalen Arbeitsplatz benutzt.

Ein Flowerlebnis hatte der Niederländer als Geschäftsführer von Philips Russland, was nicht lange zurückliegt. Das Geschäft war auf Metropolen wie Moskau und St. Petersburg ausgerichtet und lief ohne besondere Dynamik. Peter Vullinghs richtete seinen Fokus deshalb auf die Provinz, gestützt auf Marktanalysen. Sein Plan war, in unterschiedlichen Regionen Vertriebsbüros zu eröffnen und eine neue Vertriebsmannschaft aufzubauen. Solche Top-down-Maßnahmen lassen sich in Russland relativ schnell umsetzen, weil man in einer autoritären Gesellschaft damit gut umgehen kann. Die Leitung in der Konzernzentrale in Amsterdam ließ sich von seinem Plan überzeugen, sodass der Weg frei war für die Umsetzung. In den beiden folgenden Jahren wuchs das Russlandgeschäft jeweils um 30–40 %.

Bei der Besetzung von Teams wird auf Persönlichkeiten mit komplementären Eigenschaften geachtet. Diversity ist nicht Selbstzweck, sondern ermöglicht bessere Lösungen. Peter Vullinghs mag vertrauensbasierte, offene Kommunikation. Man soll sagen, was man denkt, und zu dem stehen, was man sagt. Gemeinsames Lernen ist wichtig, der Spaß soll nicht zu kurz kommen. Politik und Taktik mag er nicht. Teams müssen zusammenwachsen, was schon mal fünf Jahre dauern kann. Willkommen ist, wer Veränderungen vorantreibt und zudem gut vernetzt ist, weil Projekte dann eine größere Dynamik entfalten. Philips durchläuft derzeit einen Transformationsprozess, vom Anbieter von Consumer Electronics und professioneller Medizintechnik zum Anbieter integrierter Lösungen im Bereich Gesundheit. Das beeinflusst die wünschenswerten Eigenschaften der Beschäftigten, die nirgendwo nachlesbar sind, weil impliziter Ausdruck persönlicher Erfahrung und eines in dieser Hinsicht verlässlichen Bauchgefühls. Explizit sind bei Philips hingegen die folgenden Werte:

- Eager to win
- Take ownership
- Team up to excel

Man trägt den Gewinner-Virus in sich. Teamarbeit ist ein wichtiger Erfolgstreiber, Schuldzuweisungen sind verpönt. Jeder verantwortet seinen Beitrag. Ein weiterer Wert ist *Always act with integrity* – konsequentes Einhalten der Compliance. Peter Vullinghs erlebt die Dialogkultur als offen. Ungefilterter Input, z. B. aus dem „Feld“, wird für gute Entscheidungen dringend benötigt. Informelle Gespräche schätzt er mehr als formelle, bei denen oft mehr als der Sache dienlich taktiert und vorschnell Einigkeit erzielt wird. Dem „Flurfunk“ hört er deshalb besonders gut zu.

Vorgesetzte sollen Rückgrat haben, Verantwortung für ihr Team übernehmen und Vorbild sein. Sie sollen die Strategie leidenschaftlich unterstützen, Konflikte lösen und Misserfolge verkraften. Zweimal jährlich werden Mitarbeitergespräche geführt, bei denen der Umgang mit den Kernwerten von Philips und das *People Performance Management* (PPM) im Mittelpunkt stehen. Solche Gespräche sind auch ein Akt der Wertschätzung, für den sich Vorgesetzte mindestens 30 min Zeit nehmen sollten. Beim PPM werden Ziele, Zielerreichung sowie Perspektiven der

Karriere diskutiert. Vullinghs verbringt etwa 70 % seiner Zeit damit, andere durch Inspiration „mitzunehmen“. Dass es funktioniert, wird von Sebastian Lindemann ausdrücklich bestätigt. Kolleginnen und Kollegen zeigen sich immer wieder beeindruckt vom „Inspirations-Effekt“.

Was Vielfalt bei Philips bedeutet, wurde schon bei den Teams deutlich. Am Standort Hamburg sind Menschen aus über 30 Nationen beschäftigt. Der Anteil der Frauen an der Belegschaft beträgt 28 %, ihr Anteil an Führungspositionen 18 %. Innovationstreiber sind bei Philips die Produktentwicklung, Investitionen in IT, vor allem Software, und integrierte Lösungen. Blockaden erkennt Peter Vullinghs eher nicht: Seine Freiheit, Ideen umsetzen, lässt sogar Kunden staunen. Als Berater würde er Philips diesen einen Hinweis geben: „The only constant factor is change“!

Impulse für Talente 7

So ungleich die Organisationen, in denen wir Gespräche führten, nach Zweck, Absicht und Anspruch auch sind so klar treten ihre Gemeinsamkeiten hervor:

Flow

Alle Befragten schildern ein Flowerlebnis, bei dem es um die Lösung einer komplexen Aufgabe geht. Die Lösung erfolgt mit Menschen, die unterschiedliche Perspektiven einbringen.

Orientierungsgrößen

Orientierungsgrößen beziehen sich auf Interaktions- und Austauschprozesse: Teamarbei, Werte für andere schaffen, Kundennähe, zufriedene Mitarbeiter, Urteil des Publikums, Verantwortung, Gewinner sein etc.

Dialogkultur

Dialoge basieren auf gegenseitigem Respekt und Wertschätzung. Diskurse werden ohne Ansehen der Position auf Augenhöhe geführt, weil es wichtig erscheint, Argumente vor allem nach ihrem Sachinhalt zu bewerten.

Führungspraktiken

In allen Organisationen gehören Mitarbeitergespräche zur Führungspraxis. Dabei geht es um Aufgaben und Ergebnisse, aber auch um persönliche Wünsche, Potenziale und Perspektiven.

P. Kinne, *Blockadefreie Unternehmen*, essentials,
DOI 10.1007/978-3-658-18536-7_7

Sozio-kulturelle Vielfalt
Wenngleich die sozio-kulturelle Vielfalt unterschiedlich ausgeprägt ist, wird Heterogenität in Teams geschätzt und gefördert. Ausgrenzung nach Geschlecht, Alter, Herkunft oder sonstigen Merkmalen ist nirgendwo erkennbar.

Innovationstreiber
Innovationstreiber sind intrinsische Motive wie Neugier, Leidenschaft, Ehrgeiz, Ideenreichtum und z. B. der Wille, die Welt durch Nutzung nachhaltiger Zukunftstechnologien ein Stück weit besser zu machen.

Blockaden
Blockierende Einflüsse können von Rahmenbedingungen wie der Strategie und Tarifverträgen ausgehen. Mitunter sind Tendenzen spürbar, am Bewähren festzuhalten. Dessen ist man sich jedoch bewusst, und steuert aktiv dagegen.

Ratschläge
Als fiktive Berater empfehlen die Befragten ihren Organisationen die Stärkung erfolgskritischer Tugenden: Kundennähe, Denken über den Tellerrand hinaus, Veränderung gestalten, Exzellenz erreichen, Vielfalt abbilden, Nachhaltigkeit anstreben, den eigenen Anspruch hochhalten.

Mit diesen Merkmalen erfüllen die Organisationen wichtige Voraussetzungen zum Vermeiden bzw. Lösen von Blockaden. Mit hohem fachlichen Anspruch, perspektivischer Vielfalt und klarem Blick für die Wünsche ihrer Zielgruppen stellen sie sich neuen Herausforderungen. Potenziale werden entwickelt und das Einbringen kreativer Ideen gefördert. Wirksamkeit entsteht im Spannungsfeld zwischen Mut zur Eigenständigkeit und Streben nach Kooperationserfolg. Heterogenität von Impulsen, sachlicher Diskurs und Entfaltungsmöglichkeiten schaffen eine Umgebung, in denen Gedankensprünge gelingen, Gegensätze integriert, Systeme verstanden und Intuitionen offen genutzt werden können. Nicht zuletzt aber liefern wertebasierte, austauschbezogene Orientierungsgrößen individuelle Identifikationsanker, die in einem turbulenten Umfeld für die nötige Stabilität und Sinnvermittlung sorgen.

Diese Erfolgsfaktoren beziehen sich auf die Meso- und Mikroebene des Systems Organisation (Abb. 7.1). Die Faktoren auf der Mikroebene stellen Kernanforderungen der Menschen dar. Sie schränken nicht etwa deren Individualität und Vielfalt ein, sondern sorgen für ein gemeinschaftliches Verständnis von Eigenschaften, die in einem von guter Kooperation hochgradig abhängigen Kontext wünschenswert sind. Sie sollten deshalb durch geeignete Methoden der

Abb. 7.1 Gewinnerprofil

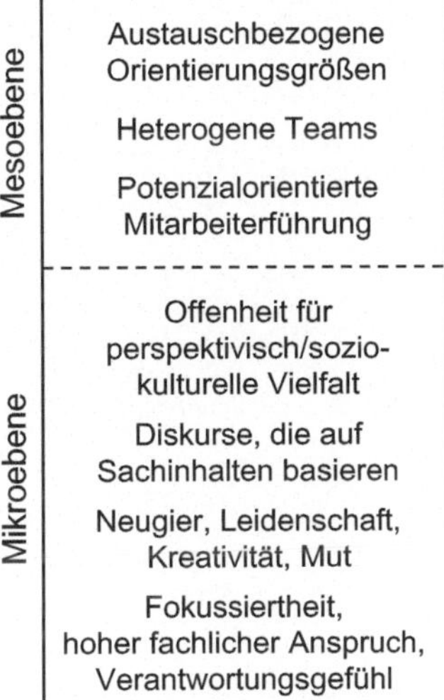

Personalauswahl und -entwicklung systematisch gefördert werden. Das gilt vor allem bei Führungskräften mit ihrer außerordentlichen Hebelwirkung.

Im *essential* „Hausaufgaben für Gewinner“ stelle ich ein Modell vor, das Blockadelöser in der Organisation verankert. Die „Paradoxie der Wettbewerbsfähigkeit“ enthält u. a. ein integriertes Strategiesystem, einen Orientierungsrahmen für ausgewogenes Managen, eine Methode zur Messung gegenseitiger Interessenlagen, und einen Leitfaden zum produktiven Umgang mit heterogenen Teams. Die konzeptionelle Einbettung wertvoller, persönlicher Merkmale in das „System Organisation“ macht Gewinnerambitionen wesentlich aussichtsreicher.

Literatur

Ashby, W. R. (1970). *An introduction to Cybernetics* (5. Aufl.). London: Chapmann & Hall (erste Auflage: 1956).

Beck, U. (2006). Living in the world risk society. *Economy and Society, 35*(3), 329–345.

Bennet, N., & Lemoine, J. (2014). *What VUCA really means for you.* Harvard Business Review, January–February.

Clayson, D. E. (2009). Student evaluations of teaching: Are they telated to what students learn? A meta-analysis and review of the literature. *Journal of Marketing Education, 31*(1), 16.

Csíkszentmihályi, M. (2000). *Das Flow-Erlebnis. Jenseits von Angst und Langeweile im Tun aufgehen* (8. Aufl.). Stuttgart: Klett-Cotta (Originaltitel: Beyond boredom and anxiety. The experience of play in work and games, 1975).

De Bono, E. (2015). *Simplicity* (S. 68). UK: Penguin Life (erste Auf.: 1998).

Ehmer, P.(2016). *Arbeitsproduktivität der großen Euroländer driftet auseinander* (KFW Research, Nr. 134).

Emcke, C. (2016). Denken. *Süddeutsche Zeitung,* 18/2016.

Forrester, J. W. (1961). *Industrial dynamics.* Cambridge: MIT.

Gabler Wirtschaftslexikon. www.wirtschaftslexikon.gabler.de/Definition/komplexitaet.html. Zugegriffen: 18. Mär. 2017.

Gallup. (2016). www.gallup.de/183104/engagement-index-deutschland.aspx. Zugegriffen: 4. Feb. 2017.

Gigerenzer, G. (2008). *Bauchentscheidungen.* München: Random House.

Gigerenzer, G. (2014). *Risiko.* München: Random House.

IBM. (2014). *Information governance principles and practices for a big data landscape* (S. 17). New York: Redbooks.

Kahnemann, D. (2012). *Thinking, fast and slow.* Penguin: Random House.

Kämpf, T. (2015). Ausgebrannte Arbeitswelt – Wie erleben Beschäftigte neue Formen von Belastung in modernen Feldern der Wissensarbeit? *Berliner Journal für Soziologie, 25,*133–159.

Kinne, P. (2013). *Balanced Governance – Komplexitätsbewältigung durch ausgewogenes Management im Spannungsfeld erfolgskritischer Polaritäten* (Arbeitspapier Nr. 32). Essen: FOM Hochschule.

Kinne, P. (2016). *Diversity 4.0 – Zukunftsfähig durch intelligent genutzte Vielfalt.* Wiesbaden: Springer Gabler.

P. Kinne, *Blockadefreie Unternehmen,* essentials,
DOI 10.1007/978-3-658-18536-7

Klein, H. (2008). *Pathologie der Organisation, Fehlentwicklungen in Organisationen, ihre Bedeutung und Ansätze zur Vermeidung* (Diskussionspapier Nr. 7). Amberg-Weiden: Hochschule für Angewandte Wissenschaften.

Korn, F. (2015). http://kornferry.com/real-world-leadership#RealWorldLeadership. Zugegriffen: 4. Feb. 2017.

Levinthal, D. A., & March, J. G. (1993). The myopia of learning. *Strategic Management Journal, 14,*95–112.

Lindsay, B. (2013). *Human Capitalizm*. Oxford: Princeton University Press.

Lotter, W. (2016). Raus hier. *Brand Eins* (Innovation 2016), 37.

Luhmann, N. (2000). *Vertrauen* (4. Aufl.). Stuttgart: Lucius & Lucius (erste Aufl.: 1968).

Malik, F. (2003). *Systemisches management, evolution, selbstorganisation* (S. 103). Bern: Haupt.

March, J. G. (1991). Exploration and exploitation in organizational learning. *Organization Science, 2*(1), 71–87.

Martin, R. (2009). *The design of business*. Bosten: Harvard Business Press.

Martin, R. (2009). *The oposable mind. How successful thinkers win through integrative thinking*. Bosten: Harvard Business School Press.

Müller-Stewens, G., & Fontin, M. (1997). *Management unternehmerischer Dilemmata, Entwicklungstendenzen im Management* (Bd. 15). Zürich: Schäffer-Poeschel.

Nefiodow, L., & Nefiodow, S. (2014). *Der sechtse Kodratieff*. Sankt Augustin: Rhein-Sieg.

Pfeffer, J. (2015). *Leadership BS*. New York: Harper Collins.

Plattner, H., Meinel, C., & Weinberg, U. (2009). *Design Thinking Innovation lernen – Ideenwelten öffnen*. München: mi.

Probst, G., & Raisch, S. (2005). Organizational crisis: The logic of failure. *Academy of Management Executive, 19*(1), 90–105.

Schein, E. H. (1995). *Unternehmenskultur* (2. Aufl.). Frankfurt: Campus.

Schoeneberg, K. P. (Hrsg.). (2014). *Komplexitätsmanagement in Unternehmen* (S. 25). Wiesbaden: Springer Gabler.

Schulz von Thun, F. (2016). *Miteinander reden* (16. Aufl., S. 53). Hamburg: Rohwolt (erste Aufl.: 2000).

Schwab, K. (2016). *The fourth industrial revolution*. Genf: World Economic Forum.

Schwaber, K., & Sutherland, F. (2012). *Software in 30 days* (S. 161). Hoboken: Wiley.

Senge, P. (1999). *The fifth discipline*. Sydney: Random House.

Simon, H. A. (1972). Theories of bounded rationality. In C. B. McGuire & R. Radner (Hrsg.), *Decision and organization* (S. 162–176). Amsterdam: North-Holland Publishing.

Simon, H. A. (1993). *Homo rationalis. Die Vernunft im menschlichen Leben*. Frankfurt: Campus.

Stiehm, J. H., & Townsend, N. W. (2002). *The U.S. Army War College: Military education in a democracy*. Philadelphia: Temple University Press.

Stock-Homburg, R., Groß, M., & Roller, D. (2016). Agilität und Effizienz richtig ausbalancieren – Wettbewerbsvorteile durch integriertes Personalmanagement. *Personalführung, 49*(7–8), 18–24.

Uzzi, B. (2016). Der nächste große Hit. Interview: *Brand Eins* (Innovation 2016), 64.

Verheyen, G. (2013). *Scrum – A pocket guide* (S. 71). Amersfoort: Van Haren.

Welge, M. K., & Al-Laham, A. (2012). *Strategisches Management* (6. Aufl., S. 185–241). Wiesbaden: Springer Gabler.